JN300416

監修者――五味文彦／佐藤信／高埜利彦／宮地正人／吉田伸之

［カバー表写真］
落地遺跡飯坂地区(山陽道野磨駅)

［カバー裏写真］
八幡前・若宮遺跡で出土した「駅長」の墨書土器

［扉写真］
山城国山崎駅の復原模型

日本史リブレット 69

遺跡からみた古代の駅家

Kimoto Masayasu
木本雅康

目次

駅家と駅路 ── 1

①
山陽道の瓦葺駅館 ── 4
駅家の学際的研究／小犬丸遺跡の発掘／落地遺跡の発掘／その他の瓦葺駅館／瓦葺駅館の比較・検討／駅館院内部の構造

②
全国の駅家の諸相 ── 35
玉虫色の遺構／岩手県北上市新平遺跡─最前線の駅家？／栃木県大田原市小松原遺跡─駅戸集落か／栃木県那須烏山市長者ヶ平遺跡─下野国新田駅か／駅長の系譜／滋賀県大津市堂ノ上遺跡─瓦葺の駅館？／各地の瓦葺駅館

③
出土文字資料からみた駅家 ── 67
出土文字資料の意義／多賀城市山王遺跡─駅子の強制的移住？／秋田市秋田城─駅家の郵便機能／茨城県笠間市東平遺跡─駅家の軍事的性格／埼玉県川越市八幡前・若宮遺跡─東山道武蔵路の確定／静岡県浜松市伊場遺跡─駅家の成立をめぐって／静岡県袋井市坂尻遺跡─駅と郡の関係／兵庫県朝来市柴遺跡─駅家と出挙／平城京出土木簡─駅路の変遷／福岡県太宰府市大宰府政庁跡─宴会の場としての駅家

駅家と駅路

本書で取り上げる古代の駅家とは、飛鳥時代から平安時代にかけて、当時の主要幹線道である駅路におかれた、早馬を乗り継ぐための施設である。古代の律令国家は、全国を支配するために、七道と呼ばれる七本の道をはりめぐらした(図1)。そして、これらの道には、原則的に三〇里(約一六キロ)ごとに、駅家をおいたので、これらを駅路とも称する。すなわち、早馬に乗った使者は、次の駅家まで全力疾走し、そこで、新しい馬に乗りかえることによって、できるだけ早く目的地に到達することができる。いわゆる駅伝競走と同じ仕組みである。

これらの駅家や駅路の復原的研究は、まず、駅家の比定から始まった。駅家

▼七道　東海道・東山道・北陸道・山陰道・山陽道・南海道・西海道。

▼『延喜式』 律令法の施行細則を集大成した法典。醍醐天皇の命によって、藤原時平を中心に編纂。全五〇巻。九二七(延長五)年完成、九六七(康保四)年施行。

▼大槻如電 一八四五〜一九三一(弘化二〜昭和六)年。明治・大正期の学者。名は清修、通称修二。大槻磐渓の次男。弟は文彦。地理・歴史・音曲・舞踊などにも通じた多芸多才な在野の学者として生き、文彦の『言海』に対して『聴く辞引』と称された。著書に『新撰洋学年表』など。

▼六国史 律令国家が編纂した史書の総称。『日本書紀』『続日本紀』『日本後紀』『続日本後紀』『日本文徳天皇実録』『日本三代実録』をいう。

▼歴史地理学 地理学の一分野で、過去の地理を明らかにする学問。

の名前については、『延喜式』にその一覧がある。これを大まかな駅路の経路を参考にしながら、現在の地名と照らしあわせるなどして、その位置を想定していくのである。たとえば、一九一五(大正四)年に刊行された大槻如電の『駅路通』は、文字どおり、『延喜式』の駅家すべての位置を想定しており、一九七八(昭和五十三)年に完結した藤岡謙二郎編『古代日本の交通路』全四巻も、基本的には、駅家の位置比定にその中心がある。これは、当時、駅路については、人間が歩いてできた踏分道を、若干整備した程度の狭くてまがりくねった道と考えられており、そのような道が、現在の地図のうえで、どこをとおっていたかを復原することなど、雲をつかむような話だと考えられていたからである。それに対して、駅家については、『延喜式』のほかにも、六国史などに若干の駅名が散見され、それらを現在の地名と対照することによって、おおよその位置を求めることはできた。もっとも、駅家の遺称地名が必ずしも現在まで残っているとは限らないし、地名の示す範囲というのは、しばしば漠然としているので、駅家の位置を細かく絞り込むのは、ほとんど不可能であった。

ところが、一九七〇(昭和四十五)年ごろから、歴史地理学の新しい研究によ

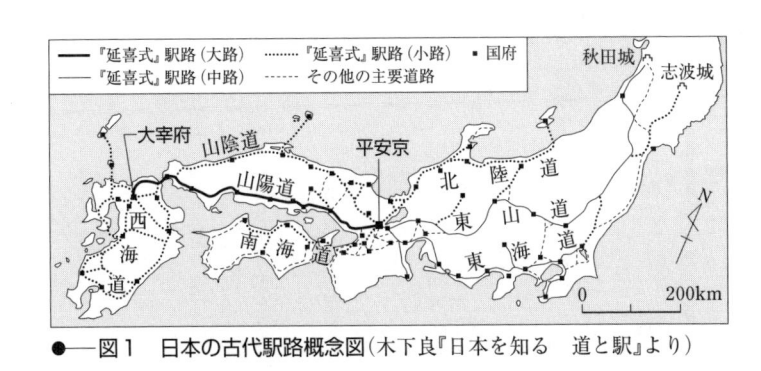

●──図1　日本の古代駅路概念図（木下良『日本を知る　道と駅』より）

って、古代の駅路の驚くべき実体がわかってきた。すなわち、実は、古代の駅路は、かなり広い道幅をもち、目的地と目的地を最短距離で結ぶ直線道であったので、空中写真や大縮尺地形図などを用いることによって、それらの検出が可能になったのである。さらに最近では、考古学による発掘調査によって、駅路の道幅が、奈良時代ごろには、具体的に九〜一二メートル程度もあったことが判明した。

このように、現在では、むしろ駅家の比定よりも、駅路の復原のほうが簡単で、駅路沿いに駅家をさがすようになってきたとさえいえるだろう。駅路については、最近は、専門書ばかりではなく、さまざまな啓蒙的な書物も存在するようになったので、本書では、なるべくそれらとの重複を避ける意味からも、駅家についてまとめることにした。

①　山陽道の瓦葺駅館

駅家の学際的研究

　一九七二（昭和四十七）年八月のことだった。歴史地理学の研究者木下良は、佐賀平野の空中写真をながめていた。条里地割の坪界から延びる一本の直線が、ところどころ切れ切れになりながらも、約一六キロにわたって続いていた。それを地図に落としてみると、まさに国府の想定地や国分寺の前面をとおる。もしかしたら、これは古代の駅路ではないか。そこで、草の枯れた冬に、その線を実際にたどってみると、田圃の畦道であったり、切通しであったり、クリークになっていたりした。同様の痕跡は、肥後国や豊前国でもみつかった。木下は、ますます駅路である確信を深めていったが、直接、発掘調査でも行って年代が確定しないかぎり、古代のものと断定することはできない。そこで、実際に簡単に発掘を行うことはできない。そこで、木下は、フィールドを山陽道に変えることにした。

　山陽道の駅家は、外国使節の往来のため、その建物を瓦葺にしている。瓦は、

- ▼**条里地割**　条里制の施行にともなって、形成された土地区画。一町方格の碁盤目状の地割を特徴とする。

- ▼**国府**　律令国家が地方支配の出先機関として、国ごとに設置した役所。

- ▼**国分寺**　国ごとにおかれた官寺。七四一（天平十三）年の聖武天皇の詔によって造立を開始。

- ▼**『日本後紀』**　六国史の一つ。藤原緒嗣らの撰。八四〇（承和七）年の成立。七九二〜八三三（延暦十一〜天長十）年の編年史で、平安初期の根本史料。四〇巻のうち現存は一〇巻のみ。

●──図2　空中写真にみる山陽道駅路の痕跡（Ⓐは賀古駅に比定される瓦出土地である古大内遺跡）

木造の建物が崩壊して土に返っても、もちろん残るし、それは地表にあらわれやすい。播磨国の想定山陽道沿いに点々と瓦の出土地があり、それが駅家の瓦ではないかと考えていたのは、アマチュア考古学者の今里幾次であった。それは、山陽道の駅家が瓦葺であったことを示す『日本後紀』大同元（八〇六）年五月条には、備後・安芸・周防・長門の四国しかみえず、播磨国ははいっていなかったからである。し、今里は、そのように断定することには躊躇していた。しかこの問題を解決したのは、当時、京都大学の学生であった高橋美久二の卒業論文である。高橋は、大同元年条は、駅家の修造にたえがたかった国をあげているのであって、播磨国は、その必要がなかったので、この史料には、直接でてこなかったとした。そして、このことは、『延喜式』に、播磨国の駅家の修理料として、四万束が計上されていることで裏づけられるとした。したがって、播磨国の駅家も、瓦葺であったことになる。

さて、木下が、駅家と考えられる瓦出土地の周辺を空中写真で検討したところ、はたしてそれらを連ねるようにして、直線の痕跡がみいだされたのである（図2▶印部分）。瓦は、奈良時代のものであるから、ここにいたって、こうい

った直線の痕跡は、当時の駅路であることが、ほぼ確実となったのである。今里は考古学、木下は歴史地理学を専攻する。そして高橋の専門は考古地理学であるが、ここでは文献の読み方に新しい解釈を呈示したわけであるから、考古学・歴史地理学・文献史学の学際的研究が、相互に補強し、補完しあうきわめて幸福な関係が生まれたといえるだろう。

なお、こういった瓦葺の駅家がいつつくられたかという問題については、まだ若干の問題を残している。坂本太郎は、『続日本紀』天平元(七二九)年四月三日条の「山陽道の諸国の駅家を造らん為に、駅起稲五万束を充つ」という記事について、駅家を新しく設ける場合は、必ず「置」の字を用いるのに、ここでは「造」の字を使っているので、これは築造であって、駅舎を立派に建築する意であるとした。高橋は、これを承けて、この記事こそが山陽道の駅家を瓦葺したことを示すとした。高橋は、さらに、『家伝』下に藤原武智麻呂の業績として、神亀年間(七二四～七二九)に「京邑及び諸駅家」を「瓦屋赭堊」(屋根に瓦を葺き、赤塗り白壁造り)としたとあるのも、同様に、山陽道の駅家を瓦葺にしたということと対応しているとする。すなわち、高橋によれば、八世紀の前半に、

▼『続日本紀』　六国史の一つ。『日本書紀』につぐ勅撰の歴史書。四〇巻。菅野真道・藤原継縄ら撰。七九七(延暦十六)年完成。六九七～七九一(文武天皇元～延暦十)年のあいだを、おもに編年体で記述。奈良時代の基本史料。

▼藤原武智麻呂　六八〇～七三七(天武天皇九～天平九)年。奈良時代前半期の公卿。左大臣、正一位。南家の祖。父は不比等、母は蘇我連子の娘。大学頭、式部卿、大納言を歴任し、七三四(天平六)年に右大臣となるが、三年後に病死。『家伝』に伝記がある。

駅家の学際的研究

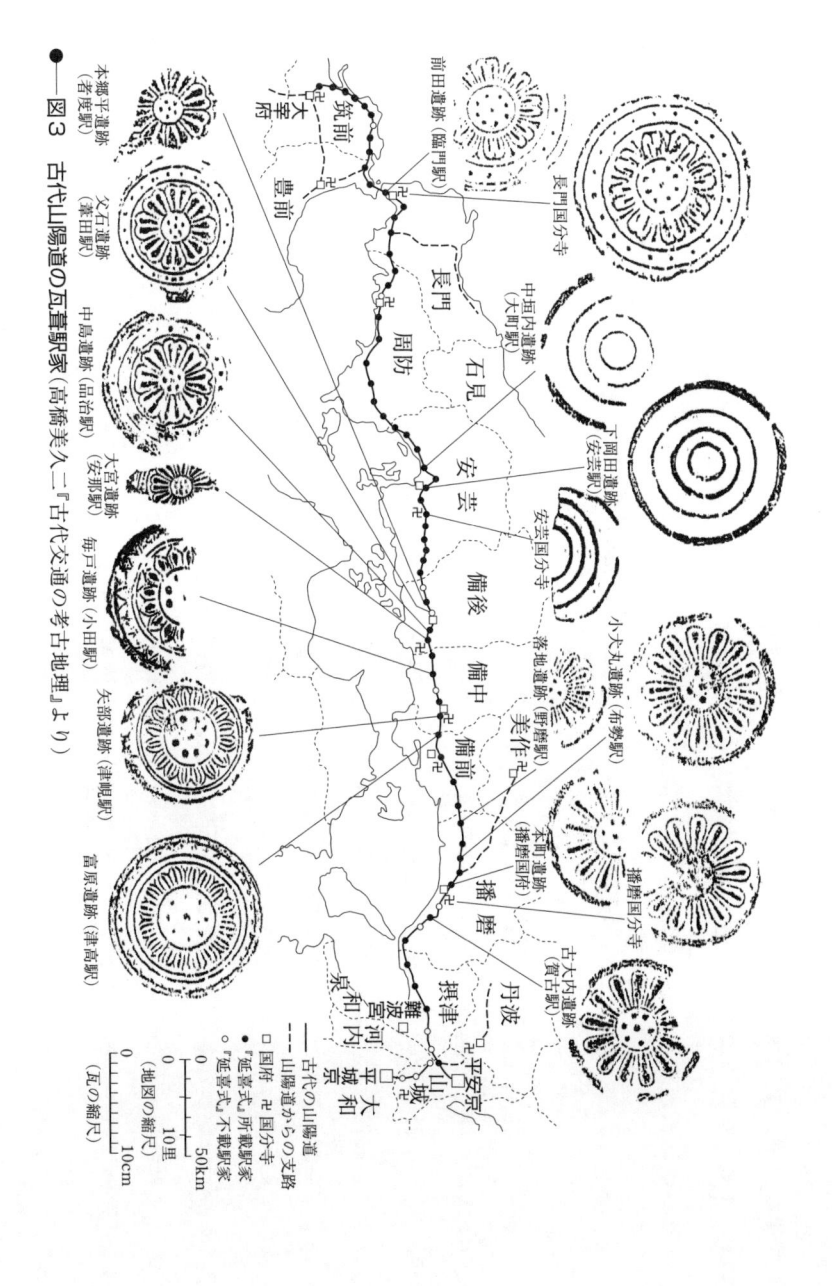

—— 図3 古代山陽道の瓦葺駅家（高橋美久二「古代交通の考古地理」より）

本郷平遺跡（香椎駅）
前田遺跡（大宰府）
長門国分寺
下岡田遺跡（安芸駅）
中垣内遺跡（大町駅）
父石遺跡（遠田駅）
中島遺跡（品治駅）
大宮遺跡（安那駅）
毎戸遺跡（小田駅）
矢部遺跡（津眠駅）
富原遺跡（津高駅）
春日部遺跡
大丸遺跡（布敷駅）
播磨国府
古大内遺跡（賀古駅）

長門国分寺
筑前
豊前
長門
周防
石見
安芸
備後
備中
美作
備前
播磨
丹波
摂津
和泉
河内
山城
大和

平安京
平城京

—— 古代の山陽道
--- 山陽道からの支路
□ 国府 卍 国分寺
■『延喜式』所載駅家
○『延喜式』不載駅家

0   10里
0   50km
（地図の縮尺）
0   10cm
（瓦の縮尺）

山陽道に、瓦葺の駅家が出現したことになる。

ところが、駅家の瓦ではないかといわれている瓦——これを「国府系瓦」と呼んでいるが——は、現在の編年では、おもに八世紀の後半に位置づけられている。たとえば、後述する代表的な山陽道の駅家の遺跡である小犬丸遺跡や落地遺跡、飯坂地区も、瓦の年代から、八世紀後半のものとされている。

が主張する文献による年代と、瓦の年代のあいだには、若干のズレが存在するのである。したがって、史料の解釈や国府系瓦の編年について、再検討する必要があろう。あるいは、岸本道昭は、そのズレを認めたうえで、政府の目標とする考えと、実態としての事業施行にまで、時間がかかったとみなしているが、この場合、『家伝』の記事との整合性が問題となる。

小犬丸遺跡の発掘

国府系瓦の出土地のうち、発掘調査によって、最初にほぼその全容が判明し、駅家であることが確定したのは、兵庫県たつの市の小犬丸遺跡である。それは、国府系瓦が散布していたところで、今里によって、播磨国の布勢駅家に比定さ

▼礎石建物　通常、基壇あるいは地面のうえにすえおいた礎石のうえに柱を立てる方法により建てられた建物。柱は梁や桁でつながれて固定される。礎石によって接地面積が広くなるので、掘立柱建物に比べて地耐力が大きく、柱の沈下が起こりにくいとされる。

●——図4　布勢駅家の軒瓦

れていた。

　まず、一九八二(昭和五十七)年と八五(同六十)年に、兵庫県教育委員会によって、小規模な発掘調査が行われ、八七(同六十二)年から九四(平成六)年まで、県と龍野市教育委員会によって、本格的な調査が行われた。

　その結果、駅館院は、ほぼ八〇メートル四方の瓦葺築地塀で囲まれ、そのなかに、七棟の瓦葺礎石建物が検出された(図5)。正殿に相当すると考えられるのは、建物3で、二棟の東西棟を連結させた双堂形式の建物と想定されている。他の建物は南北棟で、駅館院の内部をくまなく調査したわけではないので、あと一～二棟の建物が存在する可能性もある。軒瓦は、今里によって、三群に分けられており、第一群の播磨国府系瓦は、創建期のもので、八世紀末から九世紀中ごろまでの年代観があたえられている。第二群は続播磨国府系瓦として展開したものに、第三群の私立寺院系瓦が流入した時期で、年代観は、九世紀後半から十世紀末までが想定されている。なお、瓦には、丹が付着したものがあり、建物2付近の瓦溜りから出土した白色の土塊は、建物の白壁であったと考えられる。したがって、『家伝』の「瓦屋楮堊」、『日本後紀』大同元年条の「瓦葺

山陽道の瓦葺駅館

▼緑釉陶器　主成分の鉛に銅を加えて緑色に発色させた釉をかけた陶器。日本では七世紀後半に始まり、平安時代が盛期。京都・滋賀・山口・愛知・岐阜などで製造された。碗や皿が多く、浄瓶・火舎・香炉などの仏具や越州窯系の輸入陶磁器模造品・瓦などがある。

▼灰釉陶器　草木灰を主成分とした高火度で溶解する釉をかけた陶器。八世紀中ごろの愛知県猿投窯に始まるとされ、九世紀には白色の生地に透明な青緑色の釉をかけた猿投窯特有の灰釉陶器が出現し、以後、尾北窯・美濃窯や静岡県下の窯でも製造された。中国製の磁器や金属器を模した碗・皿・合子・壼・瓶類を製品とするが、十一世紀以降多量に輸入された中国陶磁にその地位を奪われ、粗雑な山茶碗の生産に転じた。

粉壁」(瓦葺白壁)という表現に一致することが確認されたのである。駅館院内部では、八世紀後半から九世紀代の土師器や須恵器、少量の緑釉陶器・灰釉陶器▲・越州窯▲青磁なども存在するが、むしろ生活臭は少なく、建物廃絶後の遺物がめだつようである。

なお、礎石瓦葺建物に先行する掘立柱建物も九棟出土している。それらは、調査面積の制約のため、全容のわかる建物は一棟もないが、たとえば、駅館院南西隅には、三間×七間以上の西側に廂がつく大型掘立柱建物も存在し、駅館院規模は、瓦葺建物に匹敵するので、重要な建物であったろう。これらの建物の年代は、遺物がほとんどないので、時期を決めにくいが、一応、七世紀後半から八世紀前半に考えられている。

つぎに、駅館院の外についてであるが、駅館院の東方約二〇〇メートルの地点では、掘立柱建物や、八世紀から十一世紀にかけて機能したとみられる井戸がみつかり、その周辺では、「布勢駅戸主□部乙公戸参拾人……」と記した木簡や、「駅」「布勢井辺家」と書かれた墨書土器が出土した(図6)。これによって、この遺跡が布勢駅の一部であることが証明されたのである。駅館院から、この

▼**越州窯** 中国浙江省の余姚県・鄞県・黄岩県などで青磁を生産した窯の総称。三国時代に始まり、唐・五代に盛期をむかえ、南宋時代に衰退。その青磁は日本に輸入され、平安京・大宰府・鴻臚館跡など各地の遺跡から出土している。

▼**掘立柱建物** 地面に穴を掘って柱の根元を入れて立て、その周りの空隙を埋め戻して柱の基部を固定させる基礎工法によって造営された建物。

井戸のあいだにも、掘立柱建物や別の井戸などがみつかっているので、これは、駅家の雑舎群と考えられる。すなわち、史料にみえる駅家の建物を分析した高橋は、駅家には、駅館院だけではなく、屋とか倉の呼び方であらわされる雑舎群が存在し、それらは、駅家の実務をとる建物や、駅家の基本財源であった駅田からの収穫をおさめる倉庫群、馬の厩舎などからなる建物群であろうとしている。布勢駅家の雑舎群の場合は、調査面積が狭く、具体的な建物配置などがわかるまでにはいたっていないが、一応、高橋が述べるように、駅家が駅館院と雑舎群の二重構造で成り立っていることを示すことができたといえよう。

最後に、山陽道の駅路についてであるが、まず駅館院の場所の小字地名そのものが「大道ノ上」と称し、その南側が「大道ノ下」である。周辺で木簡や墨書土器が出土した駅館院東方の井戸のすぐ北で、東西溝が検出されており、これが駅路の北側溝と考えられている。そして、駅館院南方の41・46調査区においても、それぞれ東西溝が検出されており、こちらは、駅路の南側溝と考えられている。調査担当者の岸本は、北側溝を少し南に湾曲させて駅館院南辺に接続させると、その部分での南側溝との距離は、約一八メートルになり、駅館院の南

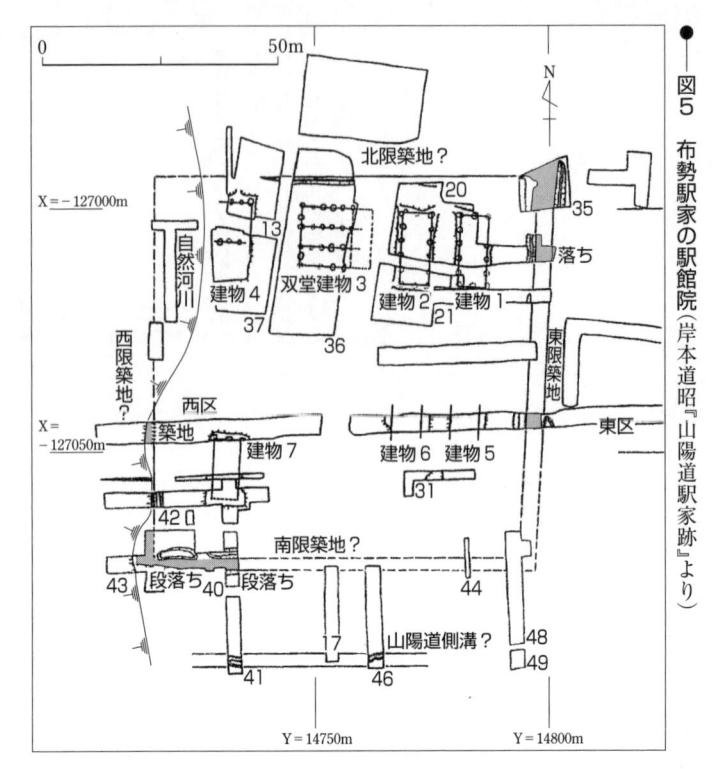

● 図5 布勢駅家の駅館院（岸本道昭『山陽道駅家跡』より）

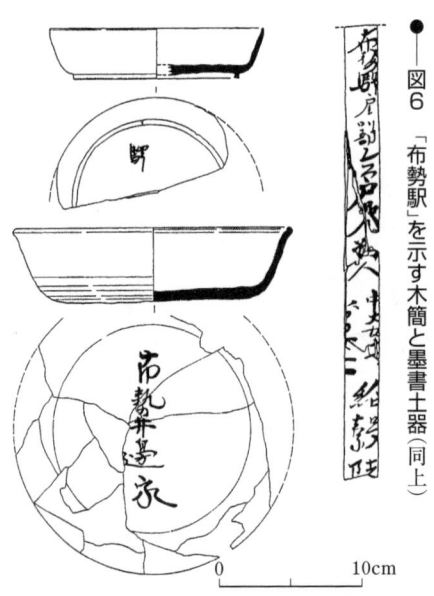

● 図6 「布勢駅」を示す木簡と墨書土器（同上）

では、駅路がやや幅を広くとっているのではないかとしている。なお、41調査区の溝からは、六・七世紀の須恵器が出土していることが注目される。

以上述べてきた小犬丸遺跡は、布勢駅家の遺構として、日本ではじめて駅家の概要が判明し、駅家であることが確定した遺跡として、学史のうえに残り続けるであろう。

落地遺跡の発掘

落地遺跡飯坂地区(図7)は、兵庫県赤穂郡上郡(かみごおり)町に位置し、やはり国府系瓦が出土することから、播磨国の野磨(やま)駅に比定されていた。野磨駅は、布勢駅の二つ西隣りの駅家である。二〇〇二(平成十四)年から〇五(同十七)年にかけて、上郡町教育委員会が、国史跡の指定をめざして発掘調査を行った。その成果については、最近、報告書が刊行されたが、主としてそれによりながら、この遺跡について、やや詳しくみていくことにする。

当遺跡の特徴としては、非常に遺構の残り具合がよかったことがあげられる。

遺跡の位置は、現在の主要道から少し谷にはいったところにあり、調査以前は、

山陽道の瓦葺駅館

鬱蒼とした山林となっていた。筆者は、そのころ、木下や足利健亮・日野尚志らと現地を訪れたことがあったが、中にはいるのもむずかしいような状況であった。ところが、その後、木が切り払われると、地表において、駅館院の築地の痕跡をたどることさえできたのである。また、建物基壇も明瞭で、礎石の抜取り穴の位置までもが、地表のくぼみとして観察することが可能であった。高橋は、「千年前に大蛇が住んだ駅家が後世の攪乱を受けずに、そのままパックされた状態で出現したかのようであった」と述べている。その点、土の状況が不明瞭で、調査担当者を苦労させたという小犬丸遺跡とは対照的である。

さて、駅館院は、南北約九四メートル、東西約六八メートルの瓦葺築地塀で囲まれているが、その北側は背後の山である。したがって、東西の築地塀は、かなりの急角度で山にのぼり、その中腹で東西におれて平坦面をつくりだすという特異な構造をとっている。そして、その内部には、四棟の礎石瓦葺建物が検出されているが、物理探査によって、さらに二棟以上の建物が存在したことが確実である。建物配置は、当初、北側の東西棟を正殿として、東西に二棟ずつの脇殿を配するコの字型配置が想定されたが、調査が進むと、それらの真

▼基壇 建物の占める平面部分を周辺より高くした土壇であり、湿気防止の機能をもつ。

▼物理探査 発掘調査を行わないで、地下の遺跡の状況を調べる方法。レーダー探査や電気探査がある。

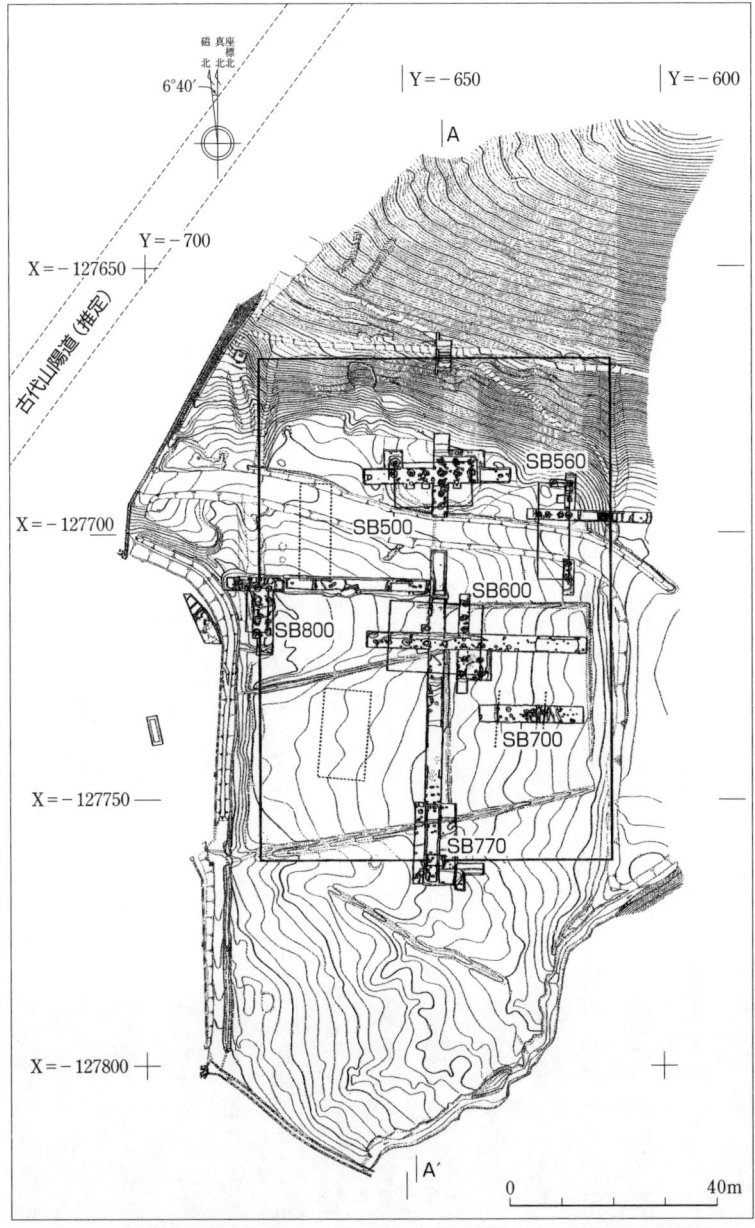

●──図7 落地遺跡飯坂地区（上郡町教育委員会編『古代山陽道野磨駅家跡』より）

中に、最大の建物がでてきたので、これを正殿とみなし、コの字型とH型を組み合わせたような特異な配置であることが判明した。

正殿（SB600）は、梁行・桁行とも五間の礎石総柱建物であるが、東西の柱間に対して、南北の柱間がやや短いので、東西棟となる。また、南北の柱間が不揃いなので、布勢駅家で想定されているような、梁行二間の東西棟建物二棟を、平瓦の軒が接するように建てる双堂形式の建物であった可能性もある。この建物の機能について、報告書では、儀礼・饗宴などに使われたと考えられるとしている。次に後殿（SB500）であるが、桁行五間×梁行四間の礎石瓦葺建物で、南北に廂がつく切妻造の東西建物と考えられている。この建物も、柱間が、桁行方向で三・〇メートル（一〇尺）と異なっている。なお、身舎棟通りの柱筋でも、梁行方向で二・一メートル（七尺）と異なっている。なお、身舎棟通りの柱筋でも、柱穴を検出しており、東から三番目の柱穴は間仕切柱、そのほかは、床石の据付穴であるとされている。このように、間仕切が存在することから、報告書では、駅使などの宿泊施設として機能していた可能性を指摘している。東北の脇殿（SB560）は、桁行六間×梁行二間の切妻造の南北建物であるが、北から三列目の東西柱列は三間あ

▼梁　建物の柱の上方にあり、屋根を支える横木。

▼桁　建物の柱の上方にあり、垂木などを支える横木。

▼総柱建物　身舎内部にも碁盤目状の柱配置がみられる建物で、外回りの柱と内部の柱との規模の差が同等または大差のないもの。内部の柱は、各柱筋の交点に立てられているのが一般的である。

▼切妻造　屋根の形式の一つ。前とうしろのほうにだけ流れる形、すなわち本を開いて伏せたような形のつくり。

▼棟　建物の屋根において、二つの屋根面が交わる稜線。

▼間仕切　建物内部を複数の部屋に仕切ること。

▼八脚門　桁行三間×梁行二間の門であり、通常は総柱建物の構造をとる。五間門についで格式の高い門形式である。地方官衙ではもっとも多くみられる。

▼棟門　柱二本を立てた正面（桁行）一間の門を二本柱門というが、そのなかで屋根に瓦をかけたもの。

▼軒平瓦　本瓦葺に使う瓦の一つ。通常は平瓦の広端部を厚くして瓦当部とし、その端面に施紋する。おもに軒先に用いる。

▼ベンガラ　赤色顔料の一種。狭義には赤色酸化鉄のことであるが、歴史学・考古学の分野では、赤鉄鉱としての結晶度は小さいものであっても、三価の鉄を主たる発色因子とする赤色系顔料として広義にとらえることが多い。朱とは異なり耐火性に優れている。

▼唐居敷　主として門や回廊において、扉の回転軸を下方で受ける部材。

り、したがって、北側二間分で、間仕切して部屋を分けていた。後殿と同様に、宿泊施設の可能性が指摘されている。東南の脇殿（SB700）は、全体の規模は不明であるが、東西両側に廂がつく南北建物とみなされている。門は、築地塀に取りつく形で、南門（SB770）と西門（SB800）が確認されているが、西門のほうが立派で、正門と考えられる。西側をとおる山陽道を意識したのであろう。西門は、桁行三間×梁行二間の南北建物で、礎石建ち・瓦葺の八脚門▲と考えられる。門扉がすえられる礎石は、門扉の軸を受ける軸摺穴と、扉両脇に立つ方立を受ける穴を穿った唐居敷であることが注目される（図8）。一方、南門は、柱二本からなる棟門のような構造のシンプルなものと考えられている。

つぎに出土遺物についてであるが、その大半は瓦である。主体をなすものは、「播磨国府系瓦」で、ほかに「続播磨国府系瓦」と呼ばれる後続型式の瓦も出土していることから、建物は、補修されながら、長期間使用されたとみなされる。軒平瓦▲のなかには、ベンガラ▲が付着したものがあり、柱が赤塗りで、白壁であったことが証明されていることから、小犬丸遺跡と同様に、白色土の塊も出土している。

出土した土器には、灰釉陶器・緑釉陶器・越州窯系青磁などが含まれ

山陽道の瓦葺駅館

▼長沙窯　中国湖南省長沙市望城県銅官鎮にある。八世紀末ごろから海外に輸出され始める初期貿易陶磁の一角を形成している。

▼古大内式　播磨国府系瓦の一様式。賀古駅家に比定される兵庫県加古川市野口町の古大内遺跡で出土したことから命名。播磨国内の大半の駅家に供給されている。

▼本町式　播磨国府系瓦の一様式。播磨国府もしくは草上駅関連の遺跡と考えられる兵庫県姫路市総社本町の本町遺跡から出土したことから命名。播磨国内に比較的広く分布するが、その数はあまり多くない。

▼軒丸瓦　本瓦葺に使う瓦の一つ。丸瓦先端を円板でふさいで瓦当部とし、そこに施紋する。おもに軒先に用いる。

ているが、とくに注目すべきものは、長沙窯陶磁器で、現在のところ、全国でも二一遺跡にしかみられず、地方での出土は珍しいものである。

ところで、瓦葺駅館院の成立時期の問題であるが、られている播磨国府系瓦の古大内式と本町式▲軒丸瓦▲の年代は、今里によって、八世紀後半のものと考えられているので、報告書では、駅館院は、八世紀後半以降、九世紀中ごろまでの時期に造営されたとしている。なお、礎石瓦葺建物の下層には、一部、掘立柱建物も検出されており、物理探査の成果も含めると、八世紀前半から後半にかけて、なんらかの駅家関連施設が存在したと推測される。さらに、瓦葺駅館院は、丘陵斜面を大規模に掘削し、旧河道部分に盛土整地して平坦面を広く造成したのちに造営されているが、盛土中に含まれる瓦片は多く、軒平瓦もみられることから、瓦葺駅館院に先行する瓦葺建物が存在した可能性さえ指摘されている。一方、瓦葺駅館院の廃絶時期については、出土した土師器や焼土の分析から、十一世紀後半から十二世紀ごろと考えられるが、瓦葺礎石建物がどの時点まで存続していたかについては不明である。

なお、飯坂地区の南西約三〇〇メートルの八反坪地区では、礎石瓦葺になる

●——図8　野磨駅西門北側の唐居敷

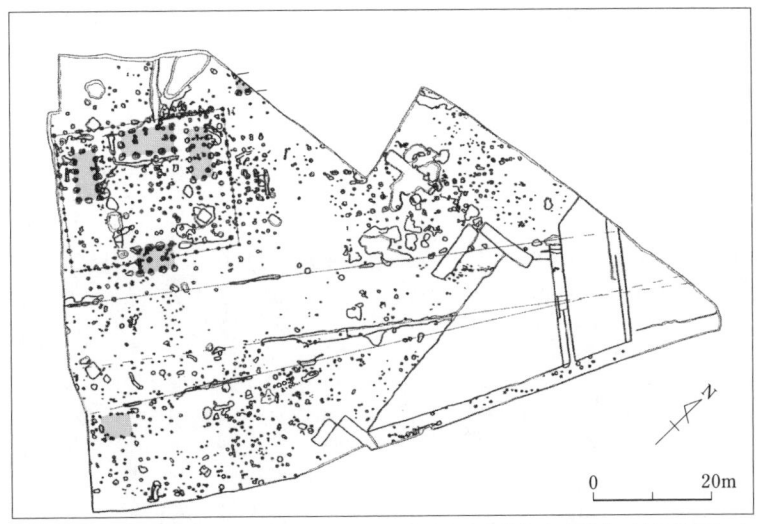

●——図9　落地遺跡八反坪地区(上郡町教育委員会編『落地遺跡(八反坪地区)』より)

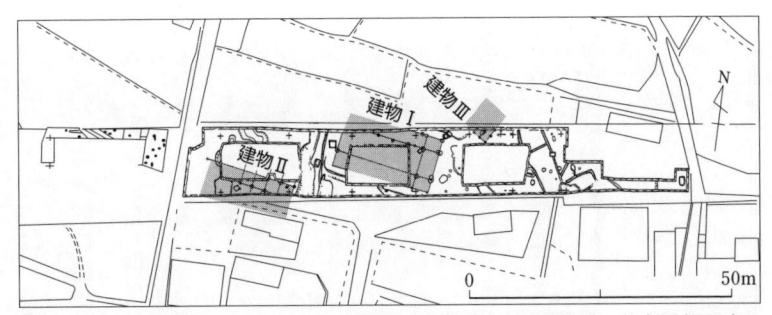

●——図10　毎戸遺跡(岡山県文化財保護協会編『国鉄井原線建設に伴う発掘調査』を改変)

以前の野磨駅とみられる遺構が検出されている（図9）。こちらは、推定山陽道に貼りつくような形で、約三〇×二三メートルの範囲を、柱列に区画された内部に、コの字型の掘立柱建物を配置した遺構がみつかっている。門は八脚門で、その前面には、幅約一〇メートルの推定山陽道も出土している。また、駅館院の東にも、若干の建物群や柵列などがみつかっており、雑舎群にあたると推測されている。出土遺物は、七世紀後半から八世紀前半ごろにおよぶので、野磨駅は、ここから飯坂地区に移転したらしい。

その他の瓦葺駅館

以上取り上げた小犬丸遺跡と落地遺跡が、現在までにほぼ全容が判明し、駅家であることが確定した例であるが、山陽道において、その他にも部分的な発掘調査が行われて、駅家である可能性が高いとされる遺跡が存在するので、以下それをみていきたい。

岡山県矢掛町の毎戸遺跡は、一九七三（昭和四十八）年に、岡山県教育委員会によって、発掘調査が行われ、備中国小田駅に比定されている。国鉄井原線

▼円面硯　円形の硯。多くは硯面部と台部で構成され、硯面部は水平となり、墨をする部分と周縁の墨を溜める海からなる。

▼風字硯　「風」の字形を呈する硯。現在の硯の原型と考えられる。後部に脚をつけて傾斜させ、前方部にすった墨を溜める海をつくる。

その他の瓦葺駅館

●──図11　毎戸遺跡出土の「馬」の陰刻のある土師器（岡山県文化財保護協会編『国鉄井原線建設に伴う発掘調査』より）

の敷設にともなう調査だったため、発掘面積が狭く、遺跡の全貌はよくわからないが、三棟の掘立柱建物などが検出された（図10）。建物Ⅰは、南北両側に廂をもつ三間×六間の建物か、梁行の中央に柱の存在を考えて、四間×六間の総柱建物と考えられている。また、小犬丸遺跡や落地遺跡と同様に、梁行と桁行で、柱間の長さが異なっている。この建物は、東西二四メートル、南北一六メートルの基壇上に位置し、もとは礎石瓦葺建物だったものを、掘立柱に建てなおしたとみられている。建物Ⅱは、建物Ⅰの西南に位置し、四間以上×一間以上で、総柱建物の可能性がある。また、建物Ⅰと同様に、本来、礎石瓦葺建物であったものを、掘立柱にしたらしい。出土遺物として注目されるものに、「馬」の文字がヘラ書きされた土師器の坏（図11）や、円面硯・風字硯の破片がある。瓦は、備中国府系瓦やそれが退化した型式のものがあり、赤色が付着したものもみつかっている。遺跡の年代は、奈良時代前期に成立し、後期に整備されて礎石瓦葺建物が建てられ、それらが倒壊したあと、掘立柱建物が造営され、平安時代前期もしくは中期にまで存続したとみられている。

なお、周辺に約一〇〇メートル四方の方形地割が認められ、検出された建物

山陽道の瓦葺駅館

▼烽　火と煙によって、緊急の合図を送るのろし。「軍防令」によれば、四〇里（約二一キロ）とする間隔で設置し、各烽には長二人と烽子四人が分番することになっていた。

群は、その中央からやや西寄りに位置することになる。また、遺跡の北側背後に鳶山と称する小独立丘が存在し、古代の烽がおかれていた可能性がある。ちなみに毎戸の小字名は、「ウマヤド」が変化したものではないかとみられている。

つぎに、広島県府中市の前原（父石）遺跡は、『延喜式』の段階までには廃止された備後国の葦田郡にあった駅家ではないかとされている。府中市教育委員会によって、二〇〇一〜〇三（平成十三〜十五）年にかけて発掘調査が行われ、南北九二メートル、東西七六メートルの築地塀で囲まれたと考えられる区画内の東北に、南北六間以上、東西四間の大型総柱建物を検出した（図12）。この建物は、当初は掘立柱建物であったものを、八世紀後半に同位置、同規模で、礎石建物に建て替えられたらしい。やはり柱間が、東西梁行の場合は、二・四メートル、南北桁行の場合は、三・六メートルというように異なっている。区画内からは、大量の国府系瓦が出土しているが、検出された礎石建物が瓦葺だったかどうかは明瞭ではない。

広島県府中町の下岡田遺跡は、安芸国安芸駅に比定される遺跡で、一九六三〜六四（昭和三十八〜三十九）年および六六〜六七（同四十一〜四十二）年にかけて、

その他の瓦葺駅館

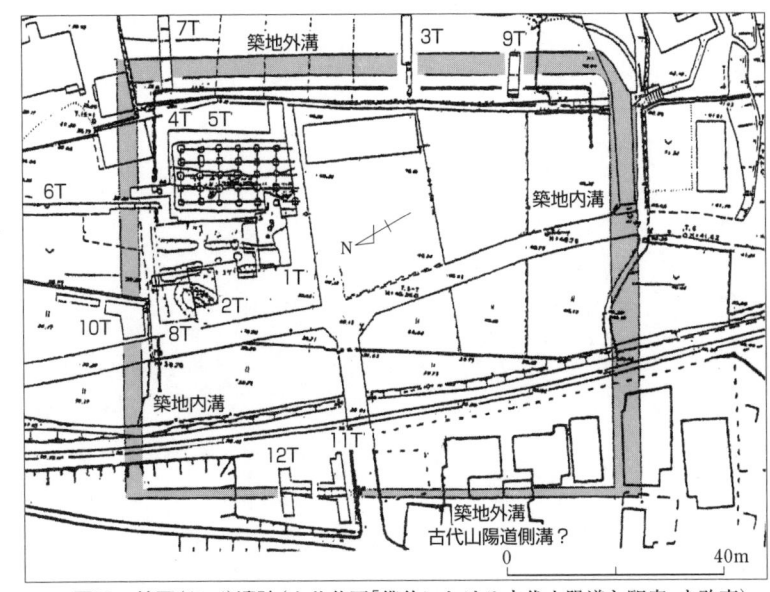

●──図12　前原(父石)遺跡(土井基司「備後における古代山陽道と駅家」を改変)

●──図13　下岡田遺跡(河瀬正利「下岡田・下本谷遺跡」を改変)

府中町教育委員会によって発掘調査が行われた(図13)。遺跡の立地は、西側に開く谷部の末端で、かつては、広島湾が遺跡の近くまで入り込んでいたとされる。遺跡の西側に接して南北に走る道路は、古くから「大道」と呼ばれ、古代山陽道を踏襲した道ではないかと推測されている。調査の結果、奈良・平安時代の礎石建物二棟・掘立柱建物二棟・井戸などが検出され、さらに中世以降の掘立柱建物群などもみつかった。礎石建物二棟のうち、SB001と称する東西棟は、梁行が二間、桁行が四間以上ある。SB002と称する南北棟は、梁行三間、桁行六間で、やはり梁行方向と桁行方向とでは、一間×四間の身舎の四面に廂がつく建物を想定しているが、柱間が異なっている。高橋は総柱建物である可能性も検討する必要があろう。なお、SB002の礎石の根石のあいだに、掘立柱建物の柱穴がみられることから、礎石建物に先行する大型掘立柱建物の存在が想定されている。

つぎに、SB003は、三間×三間の倉庫と考えられる掘立柱建物であり、SB004は、四間×四間の両面廂付きの掘立柱建物である。高橋は、SB002を正殿的な建物、SB001を脇殿的な建物と考え、発掘調査が行われて

●――図14　下岡田遺跡出土の付札木簡

いない南側にも、SB001と対になる脇殿があったと予想して、西側を南北に走る山陽道に面して、西向きに開くコの字型配置の通常の官衙のコの字型配置と比較して、脇殿がやや内側に入り込みすぎるような気もしないわけではないが、現在のところ、もっとも妥当な見解ではないだろうか。

遺物としては、安芸国府系瓦が大量に出土しており、また、深さ五・九メートルの井戸からは、「高田郡庸米□□」と記された木簡などが発見されている（図14）。当遺跡は、安芸郡に位置するので、他郡の名前を記した木簡が出土したことは、遺跡の性格を考えるうえで興味深い。

福岡県宗像市の武丸大上げ遺跡は、一九八三（昭和五十八）年に、宗像市教育委員会によって、発掘調査が行われ、二棟の大型掘立柱建物などを出土している（図16）。日野は、この遺跡について、八〇七（大同二）年以降に廃止された、筑前国の嶋門駅と津日駅のあいだにあったと推定される名称不明の駅に比定している。二棟の大型掘立柱建物は、二間×四間の南北棟（SB1）の北側梁行に、東西棟（SB2）の南桁行がそろっているが、東西棟は、部分的な発掘にとどま

●──図15　武丸大上げ遺跡出土の軒丸瓦

り、全体的な規模は不明である。出土遺物は瓦類がほとんどで、セットとなる軒丸瓦（図15）と軒平瓦のほかに鬼瓦も出土している。それらの年代から、掘立柱建物の成立時期は、八世紀後半から九世紀前半とみられている。当遺跡が駅家の遺構であるとすれば、八〇七年以降に廃止されたことになるが、木下は、建物の建てなおしがなく、使用瓦も一種類だけであることも、これに適合するとしている。なお、出土瓦は、芦屋町の浜口廃寺に類例がみられるが、同遺跡は、渡辺正気によって、嶋門駅に比定されているものである。

瓦葺駅館の比較・検討

それでは、駅館院のほぼ全容が判明した小犬丸遺跡と落地遺跡を中心に、その他の瓦葺駅館の遺跡も参考にしつつ、山陽道の駅家の比較・検討を行っていきたい。

先述したように、『日本後紀』の大同元（八〇六）年五月十四日条に、瓦葺駅館が修造困難になって、それをもとのような形につくりなおせという命令がでている。その最後の部分に「其の新造は定様を待ちて之を造れ」とあり、「定様」の

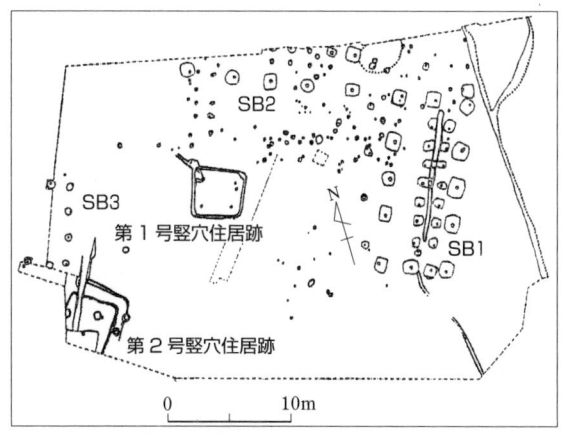

●──図16　武丸大上げ遺跡（宗像市教育委員会編『宗像埋蔵文化財発掘調査概報―1983年度―』を改変）

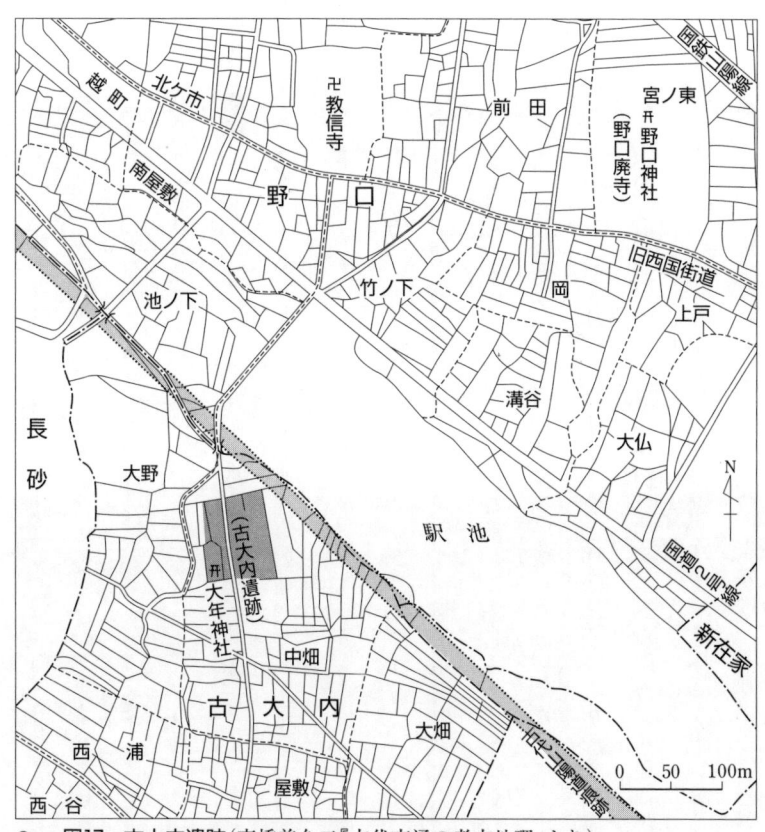

●──図17　古大内遺跡（高橋美久二『古代交通の考古地理』より）

内容については、一般的に、瓦葺・赤塗り・白壁をさすと考えられてきた。それに対し、高橋は、定様をマスタープラン（設計図のようなもの）と考え、国府の役人にそれをみせて、駅家をつくらせたのではないかとした。要するに、「定様」という言葉をどこまで広げて考えられるかということで、その意味でも、山陽道の瓦葺駅館に、どの程度の共通性がみられるかが興味深い。

まず、駅館院の建物は、小犬丸遺跡や落地遺跡飯坂地区で囲まれていた。前原遺跡においては、築地そのものは未確認であるが、築地の外溝が検出され、内部からは、大量の瓦の破片がみつかったので、やはり瓦葺の築地塀で囲まれていたと考えられる。毎戸遺跡や下岡田遺跡・武丸大上げ遺跡においては、とくに駅館院を区画するような築地や溝はみつかっていないが、周囲を広げれば、今後発見される可能性は高いであろう。すなわち、山陽道の瓦葺駅館は、築地塀に囲まれ、いわゆる「院」と呼ばれる一画を形成していたと考えられる。その規模は、小犬丸遺跡が約八〇メートル四方、落地遺跡飯坂地区が九四メートル×六八メートル、前原遺跡が九二メートル×七六メートルである。これらは、一町（約一〇九メートル）四方よりは一回り小さいといっ

028

▼古代山城　六六三（天智天皇二）年の白村江の戦いにより、唐・新羅の連合軍に敗れ、朝鮮半島からの侵攻に対応すべく西日本各地に造営した山城。朝鮮式山城ともいう。

●──図18　矢部遺跡（大橋雅也「備前・備中における古代山陽道と駅家」より）

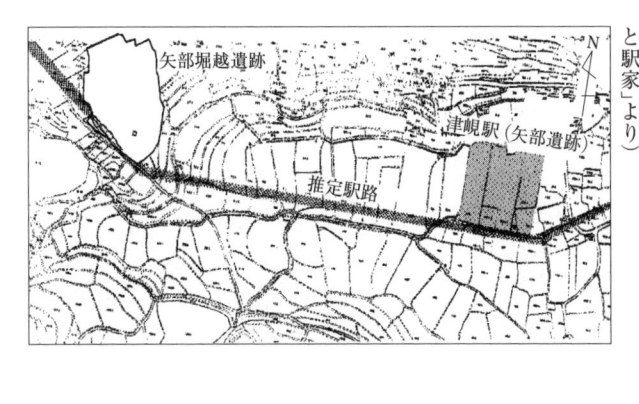

た規模で、だいたい共通する大きさであるといってよいであろう。なお、とくに発掘調査は行われていないが、播磨国賀古駅家は、兵庫県加古川市の古大内遺跡に比定される（図17）。鎌谷木三次によれば、ここには東西約七一メートル、南北八三メートルの方形の高まりがあり、その範囲で奈良時代の瓦が出土するというから、ほぼ発掘された他の駅館院の規模と共通する。また同様に、備中国の津峴駅は、岡山県倉敷市の矢部遺跡に比定されるが、大橋雅也によれば、同地の八〇メートル四方の範囲（図18 部分）からおもに瓦が出土し、かつては礎石が存在したという。以上の例からも、山陽道の駅館院の規模は、一町よりもやや小さい程度が一般的だったのではないだろうか。

ところで、落地遺跡飯坂地区の院を区画する築地塀は、背後の山のうえまでめぐっており、また西門には、古代山城にみられるような唐居敷まで用いられている。また、前原遺跡の築地外溝は、広いところでは、幅が四メートル、深さが一メートルもあって、一般的な築地の溝に比べて著しく規模が大きい。高橋は、前者について、防御機能が整っていて、安全な施設であることを強調するためと解釈しているが、たしかに、そのような意味もあったと考えられるが、

▼**蕃客** 本来、中国の天子の徳を慕って入貢してきた外国からの使節をさす。日本は中国の模倣をして、高句麗・百済・新羅・渤海などの諸国の外交使節を蕃客とみなし、臣礼をとることを要求した。仏寺・僧尼の名籍・供斎および蕃客の接待・送迎などをさどった。

▼**玄蕃寮** 令制官司の一つ。治部省の被官。玄は僧、蕃は外蕃をいう。

筆者は、駅館院を厳格に囲むのは、蕃客を外へださないという性格もあったのではないかと考えている。『延喜式』玄蕃寮によれば、蕃客が入京する際、停宿のところにおいて、みだりに出入を許さないとある。律令国家にとって、一番困るのは、蕃客が駅家からいなくなってしまうことであったろう。

このことは、駅家の立地とも関係する。駅家の立地について、高橋は「やや高台に位置して眺望を配慮することも行われていたようである」と述べており、たしかに全国的に駅家の位置を検討してみると、そのような場所が多いようであるが、発掘調査によって遺構が判明した小犬丸遺跡・落地遺跡飯坂地区・前原遺跡については、むしろ高台とはいえないようなところに立地している。小犬丸遺跡は、やや峠をおりたところにあり、落地遺跡飯坂地区は、袋小路的なやや引っ込んだところにある。前原遺跡も、川と背後の崖のあいだの非常に狭い、どちらかというと陰になるようなところに立地している。これらの諸例も、蕃客の宿泊する駅館を築地や大溝で囲むだけではなくて、立地的にも逃亡しくいようなところを選んだのではないだろうか。

駅館院内部の構造

つぎに、駅館院の内部の建物配置については、小犬丸遺跡がコの字型配置をとるのに対し、落地遺跡飯坂地区は、コの字型とＨ型を組み合わせたような配置で、若干異なる。また、小犬丸遺跡についても、いわゆる国庁や郡庁のような典型的なコの字型とは違っている。ただし、建物が駅館院のなかで雑然と立ちならぶのではなく、東西南北を意識しながら、一つのコスモス（秩序）をもって、配置されている点は共通しており、このことからも、駅家というものが、単なる馬の乗継ぎ場所だけではなく、官衙であることがうかがえる。下岡田遺跡については、先述したように、西側を南北にとおると推定される山陽道に対して、コの字型ないしＬ字型に西面しているとする高橋の解釈がある。武丸大上げ遺跡の場合は、発掘面積が狭いが、一応、ＳＢ２を正殿、ＳＢ１を脇殿と考えて、Ｌ字型配置をとる可能性がある。落地遺跡八反坪地区の瓦葺以前の駅家と想定される遺構は、正殿と両脇殿とからなる典型的なコの字型配置をしている。

以上のような例をみてみると、駅館院内部の建物は、やや変則的ではあるに

▼国庁　国府のなかで、国司が政務や儀式を行う政庁。
▼郡庁　郡家のなかで、郡司が政務や儀式を行う政庁。

▼円卓の騎士　アーサー王伝説で、アーサー王に仕えた騎士をさす。一二人で円卓を囲み、王への忠誠を誓ったことからその名がついた。円卓の由来については、アーサー王が上座・下座のないようにと円卓を考えだしたという伝承がある。

せよ、ある程度、コの字型ないしL字型配置をとることが多いようで、すなわち、それは中央に若干の広場をもつことになる。国庁や郡庁であれば、そこで儀式を行ったと考えられるが、駅館の場合、とくに儀式を行う必要性は考えがたい。むしろ駅館も官衙であるということで、当時、官衙というものは、一般的にコの字型配置をとるのが通例だったのではないだろうか。さきほどのコスモスという考え方に立つと、役所というのは上意下達の世界であり、現代でも役所内部の机の配置は、だいたい、コの字型になっている。すなわち、コの字型になっている。

し、円卓というのは、「円卓の騎士▲」ではないが、平等というイメージをもっている。駅館の場合も、中央の広場でどういう儀式を行ったか考えてみても、なかなか結論がでないであろうが、とりあえず駅館も官衙ということで、当時、その建物配置もコの字型やL字型を採用する場合が多かったのではないだろうか。

つぎに、個々の建物について興味深いのが、とくに正殿クラスの建物において、総柱や双堂形式の建物を採用していることである。まず、小犬丸遺跡の建物3は、正殿とみなされている建物であるが、梁行二間×桁行五間の東西棟が

二棟、北と南に並立され、二棟の軒先を近接させて、共通の樋で受けるような構造になっていたと推測されている。このような二棟の建物を連結させた建築様式が双堂である。

一方、落地遺跡飯坂地区の正殿にあたると考えられるSB600についても、総柱建物もしくは小犬丸遺跡の正殿と同様に、梁行二間×桁行五間の双堂であった可能性が指摘されている。毎戸遺跡の建物Ⅱは、総柱建物の可能性があり、中心的な建物と考えられる建物Ⅰは、六間×四間の東西棟で、両面廂とされているが、やはり総柱の可能性もあるという。前原遺跡の大型建物は、東西が四間、南北が六間以上の総柱建物である。下岡田遺跡の中心的な建物であるSB002もまた、総柱形式の可能性がある。このように、どうやら山陽道の瓦葺駅館の中心的な建物には、双堂形式や総柱形式をとるものが多々あったようである。とくに、総柱形式については、これまで一般的に、倉庫と考えられてきたので、そうではない機能をもつものもあったことが注目される。それでは、なぜ駅館に双堂や総柱形式が採用されたのであろうか。岸本は、この点について、双堂や総柱は、広い室内面積をつくりだすための手法で、駅家を利用する

客人の迎賓の場だったからではないかとしている。

それでは、取りあえず、山陽道の瓦葺駅館についての検討は、いったんここでとどめて、次章では、全国の駅家の可能性が高い遺構を取り上げてみたい。

②――全国の駅家の諸相

玉虫色の遺構

　本章では、全国的に駅家の可能性があるとされる遺構を取り上げ、検討してみたい。ただし、それらのなかには、確実に駅家の遺構であると断定できるものは、一つもないといってよい。それは、山陽道の場合は、瓦葺・赤塗り・白壁といった文献で裏付けられる駅家の特徴があったのに対し、それ以外の地域では、絶対的な駅家の指標となるものが存在しないからである。したがって、そういった玉虫色の遺構を取り上げることは、ある意味で危険である。すなわち、玉虫色のものをいくら集めてみても、そこから帰納的に結論を引き出すことは不可能だからである。いわば、それは砂上の楼閣である。
　しかし、駅家の可能性があるとされる遺構は、全国的にかなりの数にのぼる。それを現時点で、個々の遺跡について、その可能性をギリギリまで検討しておくのは意味のある作業であろう。それは、今後の発掘調査の方向性を示唆することになるであろうし、今後、駅家の調査のなんらかの進展がでてきたときに

全国の駅家の諸相

意味をもってくるであろう。したがって、一度は、それら玉虫色の遺跡を集成して検討する必要はあるわけで、ここでは帰納的な結論をめざすわけではない。もちろん紙数の関係で、すべてを取り上げることはできないが、一応、日本列島の東北から西南の順でピックアップしてみたい。

▼南部藩　盛岡藩ともいう。陸奥岩手郡におかれた藩。藩主は南部氏。外様大名。一〇万石。南部信直・利直が周辺の豪族を平定し、豊臣秀吉・徳川家康に所領を安堵されて藩祖となった。岩手郡を中心に陸奥一〇郡を領有。一八〇八（文化五）年に蝦夷地警備の功により、二〇万石の格式に改められた。

岩手県北上市新平遺跡──最前線の駅家？

新平遺跡は、岩手県北上市に位置し、陸奥国磐基駅の可能性が高いとされる遺跡である（図19）。一九五七（昭和三二）年から翌年にかけて、江釣子村文化財保存会によって発掘調査が行われた。その結果、基本的には四辺形であるが、北西隅が欠如して五角形をなす堀と土塁が検出された（A）。土塁の内部には、東西棟の掘立柱建物が検出され、馬房の跡ではないかとされている。よって、土塁と堀は、馬を逃がさないで囲んでおくためのものと考えられ、南部藩が九牧を経営した「牧ぶくろ」は、これに類似しているという。また、土塁の西の外に七間×四間の大型の総柱建物（D）があり、周囲の展望がよいことから、山田安彦は、駅庁舎跡ではないかと推測している。さらに土塁の南に鍛冶場跡

図19 新平遺跡(板橋源「岩手県江釣子村新平遺跡発掘概報」より)

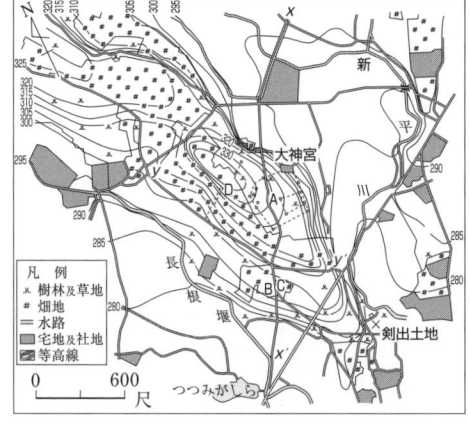

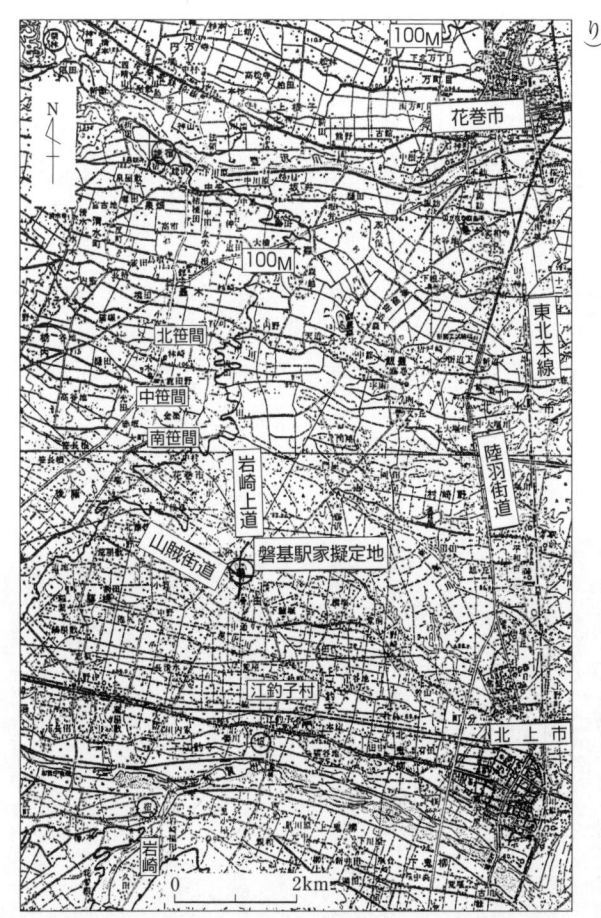

図20 新平遺跡と推定東山道(山田安彦「陸奥の古代交通路研究に関する二つの問題」より)

（C）の遺構が出土していることは注目される。当然、駅家には駅馬の蹄鉄にかかわる仕事も必要であったろうからである。これは地名であるが、後述する下野国新田駅の想定地付近には、「鍛冶ヶ久保」の大字地名が存在する。同様に、山陽道の備前国高月駅は、赤磐市馬屋の馬屋遺跡に比定されるが、ここにも「鍛冶屋後」の小字地名がある。なお、B地点の竪穴住居跡からは、「午」と読める可能性がある墨書土器が出土している。

ところで、新平遺跡一帯を「マッコノセバ」と俗称するが、「マッコ」とは、東北地方における「馬」の方言である。「セバ」の意味は不明であるが、田中喜多美によると、盛岡市西方の雫石地方では、馬の木戸を「マ・セバ」というので、馬に関係する地名ではあるようである。あるいは、セバは「洗馬」で、馬の洗い場をさす可能性もある。山田は、この五角形の地割のなかを南北に走る「岩崎上道」、別名「殿様街道」について、駅路を踏襲した道ではないかとし、木下もこの道路が花巻市街地へ向けて直線的形態をとることから、山田の比定に賛同している（図20）。また、山田は、この遺跡のすぐ南を俗称「山賊街道」、別名「どろぼう道」と称する、この地の主要道が東西に横切っており、したがって、新

平遺跡が、想定駅路と局地的道路の交差点に位置していることに注目している。磐基駅は、『日本後紀』延暦二十三(八〇四)年五月十日条に、「斯波城と胆沢郡と相去ること一百六十二里なり。山谷嶮□にして、往還するに艱多し。伏して請うらくは、小路の例に准じて一駅を置かざれば、恐らく機急に闕か」とみえるものにあたると考えられるが、新平遺跡からは平安時代初期のものとされる須恵器が出土している。

以上のように、新平遺跡は、駅路に想定される道路が遺跡内を貫通することからも、駅家の遺跡である可能性が高いと思われる。まだ、駅路の直線性がいだされる時期よりも、かなり早い段階に、この遺跡を駅家ではないかとした板橋の先見の明には驚く。ただし、この遺跡が磐基駅であったとしても、設置年代が平安時代になってからのもので、またその設置が蝦夷征討とかかわるであろうことからも、必ずしもこれが駅家の一般的な形態をあらわしているとはいえないであろう。

全国の駅家の諸相

図21　小松原遺跡出土の墨書土器

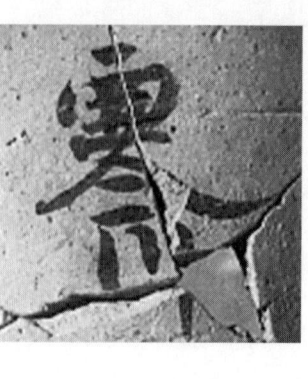

▼駅戸　駅の労役に従事する戸。

▼那須国造碑　笠石ともいう。栃木県大田原市湯津上に所在。「庚子年」にあたる七〇〇（文武天皇四）年に没した那須国造の那須直韋提の墓碑。韋提の「評督」（評の長官）への任命を記す。碑文は一九字八行の計一五二字で、中国風の楷書体で書かれている。石材は花崗岩。

栃木県大田原市小松原遺跡──駅戸集落か

小松原遺跡は、栃木県大田原市湯津上に位置し、下野国磐上駅の駅戸集落の可能性が指摘された遺跡である。一九七七（昭和五十二）年に、栃木県教育委員会によって発掘調査が行われ、奈良・平安時代の竪穴住居跡四九棟などが検出された（図22）。そのうち、一六棟からは、九世紀後半代の墨書土器が多数出土しており、「寒川」は、下野国南部の寒川郡をあらわすと推定され、郡域を越えた活動を示している（図21）。また、「山」「方」も、それぞれ那須郡の郷名である山田郷・方田郷の一字である可能性をもつ。ただし、当初「厩」として報告されたものは、のちに「饒」と訂正された。それはともかくとして、同遺跡付近は、「イハカミ」が「ユヅカミ」に転訛したとして、古くから下野国磐上駅の故地とされてきたところである。とくに、金坂清則は、那須国造碑の北西に方約二町の地割をみいだして、磐上駅の地割である可能性を指摘していたが、小松原遺跡の第二次調査区は、金坂が想定した方形地割の南東隅にあたる。方二町というのは、駅家の遺構としては、やや大きすぎる感もあるので、むしろ駅戸に関係する地割ではないだろうか。たとえば、方形にめぐる溝があり、そのなかに駅

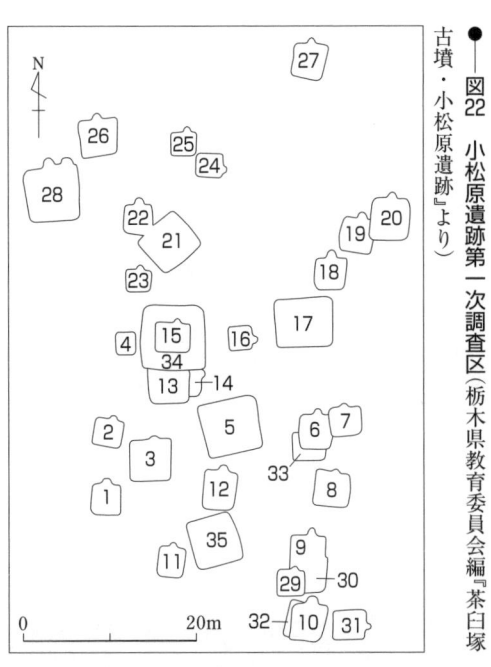

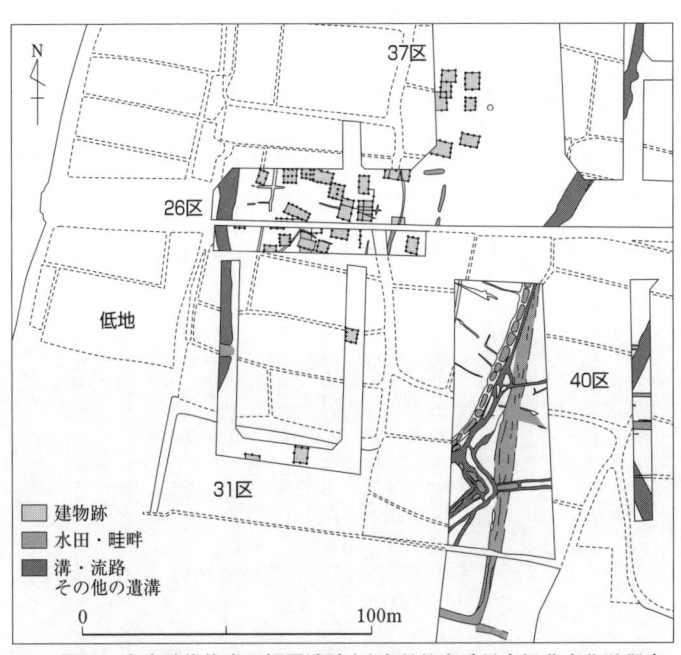

●──図22 小松原遺跡第一次調査区（栃木県教育委員会編『茶臼塚古墳・小松原遺跡』より）

●──図23 奈良時代後半の坂元遺跡（兵庫県教育委員会埋蔵文化財調査事務所編「坂元遺跡現地説明会資料」より）

全国の駅家の諸相

戸が集住していたというような形態である。ただし、発掘調査が古く、地形図との対照が不明瞭で、方形地割との関係がはっきりつかめず、そういった溝が存在したかどうかもよくわからない状況である。しかし、竪穴住居の密集度から、磐上駅の駅戸集落である可能性はかなり高い遺跡であるとはいえよう。

このように、駅家想定地付近に古代の集落が存在して、駅戸集落ではないかとされる例は、さがしてみればかなりあるであろう。たとえば、二〇〇二〜〇五(平成十四〜十七)年にかけて、兵庫県教育委員会が発掘調査を行った兵庫県加古川市の坂元遺跡は、播磨国賀古駅の駅戸集落である可能性が指摘され、『播磨国風土記』にみえる賀古郡駅家里の範囲に含まれると考えられている。同遺跡は、賀古駅に比定される古大内遺跡の北北西約一キロにあたり、七〜九世紀の掘立柱建物が約八〇棟検出されている(図23)。また、遺物についても、墨書土器や斎串・硯・灰釉陶器など、一般集落には少ないものが知られ、播磨国府系瓦も少量ながら出土している。小松原遺跡と坂元遺跡がそれぞれ駅戸集落であるのに対し、東国の集落が竪穴住居であるのに対し、西国の集落は掘立柱建物で構成されていることになって興味深い。いずれにせよ、今後、駅家想定

▼『播磨国風土記』 奈良時代の播磨国の地誌。一巻。播磨国司により、七一五(霊亀元)年以前に撰進されたとみられる。完本は伝わらない。地名起源説話が記述の中心をなす。

▼斎串 短冊形の薄板の下端を両側から削ってとがらせ、山形の上端の両側に切込みをいれた祭具。依代や斎場の結界などに使用したらしい。

地付近の集落遺跡について注意する必要があろう。

栃木県那須烏山市長者ヶ平遺跡――下野国新田駅か

長者ヶ平(ちょうじゃがだいら)遺跡は、栃木県那須烏山市鴻野山(こうのやま)に位置し、下野国新田駅の可能性がある遺跡である(図24)。二〇〇一〜〇五(平成十三〜十七)年にかけて、とちぎ生涯学習文化財団埋蔵文化財センターが発掘調査を行い、コの字型の政庁を中心とする官衙(かんが)的な遺構を検出した。同地は、「将軍道(しょうぐんみち)」と呼ばれる東山道(とうさんどう)がすぐ北側をとおり、付近に「厩久保(うまやくぼ)」「馬場ヶ平(ばばがだいら)」の小字地名が残ることなどから、新田駅の有力な候補地となっていた。とくに、小字「長者ヶ平」の地からは、炭化米が出土し、長者伝説が語り継がれてきた。

発掘調査の概要は、以下のとおりである。Ⅰ期は、八世紀前半以前で、大型の南北棟掘立柱建物が建つ。Ⅱ—1期は、八世紀前半代で、正殿(せいでん)と東西の脇殿(わきでん)からなる政庁(せいちょう)が南面する。Ⅱ—2期は、八世紀後半〜九世紀前半で、政庁の西側に倉庫群が立ちならぶが、それらの一部は、当期に火災のため焼失している。

また、政庁の南東側には、掘立柱建物や竪穴建物があり、実務的な施設があっ

全国の駅家の諸相

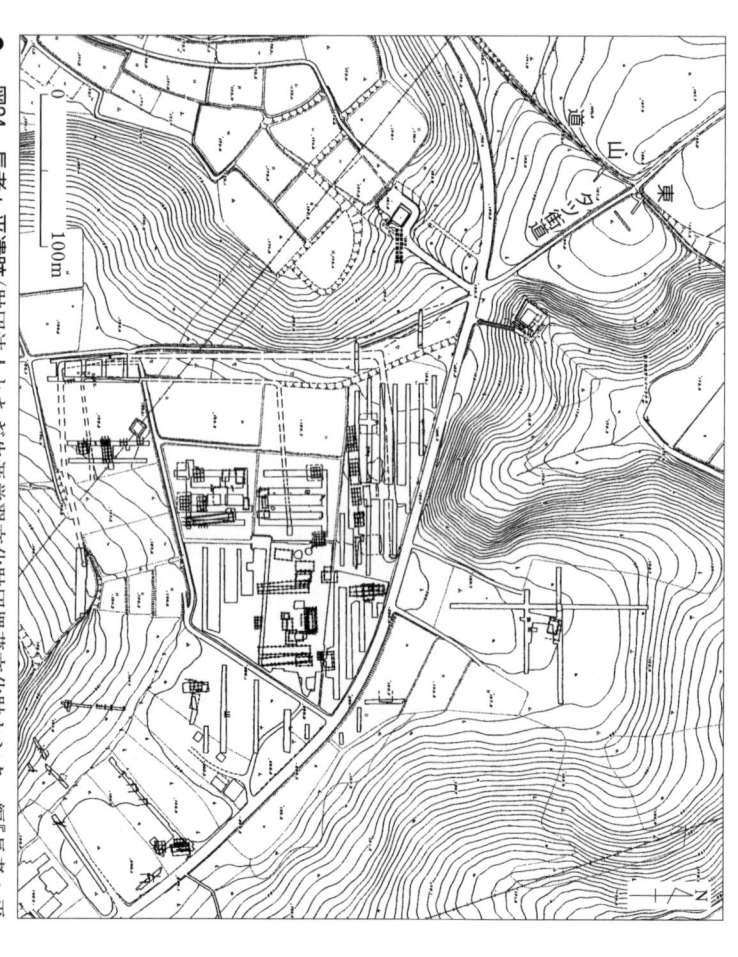

044

●——図24 長者ヶ平遺跡（財団法人とちぎ生涯学習文化財団埋蔵文化財センター編『長者ヶ平遺跡』より）

●郡家　律令制下の郡の役所。政務を行う政庁、税物を収納する正倉、宿泊施設の館、台所の厨などからなる。七世紀後半から八世紀初めに始まる遺跡が多い。

——図25　タツ街道の土層断面

たと考えられている。Ⅱ—3・4期は、九世紀後半代で、西脇殿を建てなくなり、八脚門である南門が出現する。また、政庁の南西に、桁行一四間以上、梁行二間の長大な掘立柱建物が出現し、馬房の可能性もある。Ⅲ期は、十世紀代で、政庁の廃絶後、数棟の小型の掘立柱建物からなる。

以上のような官衙域は、南北二町（二二〇メートル）、東西三五〇メートル以上あり、正倉域の三方を大溝でコの字型に区画している。さらに、政庁の北側にも、南北一五〇メートル、東西一二〇メートル程度の範囲で、掘立柱建物群があり、そこからは、東山道をみおろすことができる。掘立柱建物群のうち二棟は、一間×一間の楼閣風の建物である。また、「タツ街道」と呼ばれる古道が将軍道から分岐して、官衙域の西辺にそって走るが、筆者は、これを芳賀郡家へ向かう伝路と想定していた。発掘調査の結果、幅約九メートルの道路状遺構が検出された（図25）。

さて、以上のような堂々たる官衙遺跡が発掘されたが、これを新田駅の遺構であるとみてよいかどうかについては、議論がある。まず、この遺跡の図面を先入観なしにみせられたら、誰でも郡家の遺跡と思うであろう。コの字型の政

全国の駅家の諸相

庁、正倉群、厨的な掘立柱建物、まさに典型的な郡家の姿である。しかし、当地は、古代においては芳賀郡に所属したと考えられるが、すでに芳賀郡家は、ここから二〇キロほど南方の真岡市堂法田遺跡で発掘されている。堂法田遺跡の近くには、いわゆる郡寺とみなされる大内廃寺や、古墳時代後期の京泉シトミ原古墳群も存在する。したがって、堂法田遺跡が芳賀郡家の本体であることは動かないであろう。それでは、長者ヶ平遺跡を新田駅とみなしてよいであろうか。

ここで一つ引っかかることがある。それは、この遺跡で数多くの倉庫群がでていることである。駅家の経営は、七三九（天平十一）年に、駅起稲が正税稲に混入されるまでは、駅家からの収穫によって行われたので、当然、それらをおさめる倉庫は必要であったろう。ただし、東山道は中路なので、各駅家の駅田は三町であり、それにしては長者ヶ平遺跡で発掘された倉庫の数は、多すぎるように感じられる。また、前章でみた、駅家であることが確実な小犬丸遺跡や落地遺跡飯坂地区において、このような正倉群は検出されておらず、今後、みつかるようなスペースもないであろう。

▼駅起稲　古代の駅制で、駅の財源にあてるために設定された官稲。養老令では駅起稲であるが、大宝令では駅起稲という。出挙した利稲を駅の諸経費にあてた。七三九（天平十一）年に正税に混合され以後、駅の財源は正税となった。

▼正税　郡の正倉に収納し、国司が管理した稲穀。令制当初は大税と呼ばれた。正税のうち、田租を収入源とする動用穀は賑給に支出され、出挙利稲を収入源とする頴稲は、地方行政の経費や中央への進上物調達にあてられた。

▼中路　駅路のランクで、駅家に一〇匹の駅馬を配置する東海道と東山道。

046

そこで、郡家の本体ではなく、駅家でもないとしたら、浮かび上がってくる一つの考えは、芳賀郡家の別院(べついん)ではないかということである。近年の研究によれば、郡の行政機能は、必ずしも郡家の本体一ヵ所に集中しているのではなく、郡内に別院をおいて行っている場合があることは、文献史料から裏付けられる。また、考古学的にも、同一郡内で複数の官衙遺跡がみつかる場合があり、一方が郡家の本体であるのに対し、他方が別院であると考えられるようになった。芳賀郡の場合も、真岡市中の中村(なかむら)遺跡において官衙遺跡がでており、これも別院と考えられている。したがって、芳賀郡の北方においてもさらにまた別院が設置されており、それが長者ヶ平遺跡であるとする解釈である。
たしかにこのような考え方をとくに否定するようなものはないが、別院にしては規模が大きいような印象を受けることと、それでは、新田駅はさらにまたどこか別の場所に考えなくてはならなくなる。そこで、長者ヶ平遺跡は、新田駅と郡家別院の複合遺跡ではないかとする考え方がでてくる。
すなわち、七世紀代までさかのぼると推測される長者ヶ平遺跡のⅠ期の遺構は、大型の南北棟掘立柱建物からなり、まだ正倉をともなっていない。初期の

全国の駅家の諸相

駅家の設置は、七世紀後半代に行われたと考えられるので、これが初期の新田駅の駅館である可能性がある。この駅館は、八世紀前半に、コの字型に拡大整備される。その後、なんらかの理由でこの付近に芳賀郡家の別院をおく必要が生じ、すでに存在した新田駅の地に、これと複合する形で、正倉別院を設置したのではないだろうか。以上、かなり想像をまじえながら、ストーリーを描いてみたが、その際、検討しなければならないのは、駅長の存在である。

駅長の系譜

各駅家には、駅長一人がおかれるが、「厩牧令▲」によれば、駅長は駅戸のなかで、家口が富裕で、才幹がある者を選ぶとしている。すなわち、駅長は、いわゆる官吏ではなく、有力農民であるとされてきた。それはもちろんまちがいではないが、有力農民といってもどの程度の力をもっていたかについては、いろいろなイメージが描けるであろうし、また、実際にその力はさまざまであったろう。駅長の具体相を記述した史料は、きわめて少ないが、たとえば、『大鏡』には、播磨国明石駅の駅長が、大宰府に流されていく菅原道真に再会し

▼厩牧令　令の編目の一つ。養老令の第二三編。二八条からなる。中央の厩、地方の牧および厩馬飼育、牧長・牧子の採用、軍馬・駅馬・伝馬などに関する規定を記す。

▼『大鏡』　『世継物語』ともいう。歴史物語の代表的な作品。作者未詳。平安時代後期に成立か。文徳天皇から後一条天皇まで、すなわち、八五〇～一〇二五(嘉祥三～万寿二)年の出来事を記す。藤原道長を中心とする藤原氏の栄華を軸にして紀伝体で語られている。

▼「熊倉系図」　鈴木真年(一八三一～九四)が編纂した『百家系図稿』巻二所収の系図で、奈良君から始まる円仁の家系を記す。

▼円仁　七九四～八六四(延暦十三～貞観六)年。平安時代前期の天台宗の僧。山門派の祖。諡号は慈覚大師。俗姓は壬生氏。比叡山にのぼり最澄に師事。伝法灌

頂を受ける。八三八(承和五)年に入唐し、九年後に帰国。八五四(斉衡元)年に、三世天台座主となり、天台宗の密教化に貢献した。主著に『入唐求法巡礼行記』『顕揚大戒論』。

▼檀越　寺院に資財をほどこし経営を援助する在俗の信徒のこと。古代には豪族が檀越として寺院の管理運営に関与したが、寺院を私物化する者も多く、律令政府はしばしばその禁圧を命じた。

▼郡司　令制の地方官で、郡の政務を担当した。前身は、七世紀後半の評の官人にあり、国造などの伝統的な豪族や、評の設立に功績のあった豪族などが任命され、終身官であった。大領・少領・主政・主帳の四等官からなり、郡司職田があたえられた。

▼終末期古墳　後期古墳のうち、前方後円墳消滅後の七～八世紀の古墳。

話があうぐらい教養ある駅長もいたことになる。

ところで、佐伯有清は、「熊倉系図」(図26)に、慈覚大師円仁の父親が下野国三野駅の駅長であって、大慈寺の厳堂を建立したという記載があることに注目している。三野駅は、明らかに三鴨駅の誤写であり、大慈寺は、栃木市に所在する古代寺院で、発掘調査は行われていないが、出土瓦の検討から、奈良時代の創建と考えられている。すなわち、円仁の一家は、大慈寺の檀越であった。

当時の檀越は、『日本後紀』大同元(八〇六)年八月二十二日条および同日付の太政官符に、大小諸寺の檀越について「田畝資財、分に随いて施捨す。累世相承け、崇敬して今に至る」とあることからうかがえるように、経済力の豊かさが知られるのである。また、「熊倉系図」には、円仁の曾祖父である岡足の項に「郡司主帳」、その一代前の湯支麻呂の項に「都賀郡擬少領」とあることから、円仁の一族である壬生直氏は、郡司氏族であったとしている。

また、岸本は、播磨国の駅家の想定地の近くに、終末期古墳や古代寺院がセットで存在することが多いことに注目している。すなわち、終末期古墳は、駅

駅長の系譜

全国の駅家の諸相　050

● **図26**　「熊倉系図」（宝賀寿男編『古代氏族系譜集成』より）

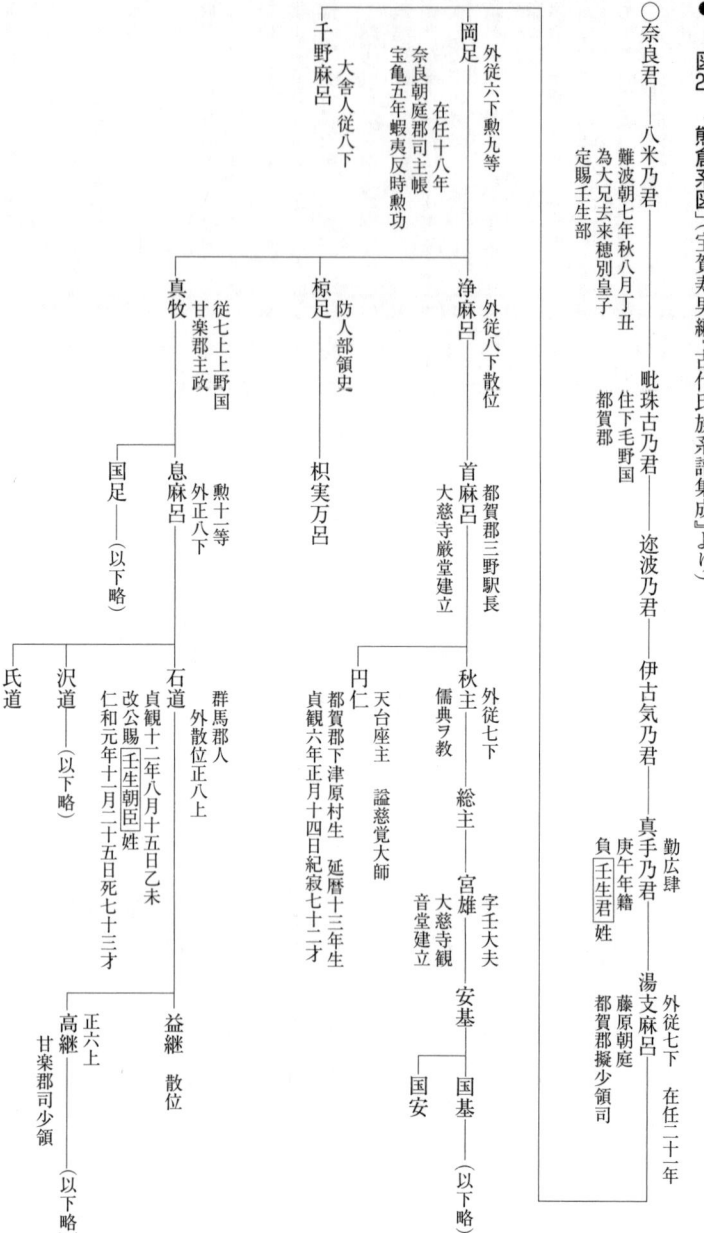

○奈良君 ─ 八米乃君 ─ 毗珠古乃君 ─ 迩波乃君 ─ 伊古気乃君 ─ 真手乃君 ─ 勤広肆
難波朝七年秋八月丁丑　　住下毛野国　　　　　　　　　　　　　　庚午年籍　　　外従七下　在任二十一年
為大兄去来穂別皇子　　都賀郡　　　　　　　　　　　　　　　藤原朝庭　　湯支麻呂
定賜壬生部　　　　　　　　　　　　　　　　　　　　負【壬生君】姓　　藤原朝庭
　　　　　　　　　　　　　　　　　　　　　　　　　　　　　　都賀郡擬少領司

岡足 ── 千野麻呂
外従六下勲九等　大舎人従八下
在任十八年
奈良朝庭郡司主帳
宝亀五年蝦夷反時勲功

浄麻呂 ── 椋足 ── 真牧 ── 息麻呂 ── 石道 ── 益継 ── 高継
外従八下散位　防人部領史　　　　　　勲十一等　　群馬郡人　　散位　　正六上
首麻呂　　　椋実万呂　従七上上野国　外正八下　外散位正八上　　　　甘楽郡司少領
都賀郡三野駅長　　　甘楽郡主政　　　　　　　改公賜【壬生朝臣】姓　（以下略）
大慈寺巌堂建立　　　　　　　　　　　　　貞観十二年八月十五日乙未
　　　　　　　　　　　　　　　　　　　仁和元年十一月二十五日死七十三才

　　　　　　円仁　　秋主　字壬大夫　　　　国足 ── 沢道 ── 氏道
　　　　　　天台座主　儒典ヲ教　　　　　　　　　　（以下略）
　　　　　　諡慈覚大師　総主　宮雄　安基 ── 国基 ── 国安
　　　　　　都賀郡津原村生　大慈寺観　　　　　　　（以下略）
　　　　　　延暦十三年生　音堂建立
　　　　　　貞観六年正月十四日紀寂七十二才　　　外従七下

●――図27　長尾薬師塚古墳

長の墓で、古代寺院は、駅長の一族によって建立されたのではないかとみるのである。たとえば、小犬丸遺跡の南方約八〇〇（平成十二）年の遺跡分布調査で、長尾薬師塚古墳と称する七世紀後半の終末期古墳が発見された（図27）。小犬丸遺跡＝布勢駅家は、『播磨国風土記』揖保郡条にみえる「桑原里」に存在したと考えられるが、岸本は、長尾薬師塚古墳は、布勢駅の初代駅長の墓で、布勢駅長は、桑原里長も兼任していたのではないかと推測している。また、小犬丸遺跡の西約七〇〇メートルの地点には、一九九七（平成九）年に、兵庫県教育委員会によって、小犬丸中谷廃寺と称する瓦葺の古代寺院が発掘されたが、岸本は、この寺院は駅長によって建立されたとみるのである。本来、駅家は、律令の規定によれば、原則的に三〇里ごとに機械的に設置されていくので、当初は既存の集落がないようなところにもおかれ、それを支える駅戸集落は、人工的に集められて成立した場合もあったと推測される。したがって、律令国家が衰退すると、それらの駅家や駅戸集落も雲散霧消していく場合が多かったであろう。しかしまた、駅長に任命されることによって、在地において力をつけ、古墳を築造したり、寺院を建立できるまでに成長する

▼里長　令制の一般地方行政組織の最下級単位の長。白丁のうち清廉強幹な者を採用。郡司の監督下で戸口検校・農桑課殖・賦役催促にあたった。七一五（霊亀元）年ないし、七一七（養老元）年に郷長と改名。

駅長の系譜

051

▼『類聚三代格』　法令集。十一世紀の編纂で、編者は不詳。官司別に編纂されていた『弘仁格』『貞観格』『延喜格』を、神祇・仏事などの事項別に分類編集したもので、八世紀から十世紀にいたる一〇〇格以上を収録する。

▼源義家　一〇三九?～一一〇六（長暦三～嘉承元）年。平安時代後期の武将。八幡太郎と称す。前九年の役・後三年の役を平定し、源氏の棟梁として信望を集めた。

▼安倍頼時　?～一〇五七（天喜五）年。平安時代後期の陸奥の豪族。初名は頼良。父は忠良。囚の長。祖父忠頼以来勢力を増し、永承年間（一〇四六～五三）ごろ奥六郡を領した。前九年の役をおこしたが、鳥海柵で戦死した。

▼『新編常陸国誌』　幕末から明治期に編纂された常陸国の地誌。一四四巻。はじめ和学講談所の中山信名が手がけ、その没後は色川

者もいたのではないだろうか。これまで、駅長については、それが終身の職であり、任務の大変さから、過酷な面が強調されてきたきらいがあるが、とくに初期の段階では、駅長になりたがる者が多かったのではないだろうか。また、『類聚三代格』巻一八所収の天平宝字八（七六四）年の勅によれば、国司のみならず、本来、駅馬に乗ることができないはずの駅長までが勝手に駅馬に乗用していることが知られるのである。

さて、以上のような状況を踏まえてふたたび長者ヶ平遺跡の問題に戻ると、この「長者ヶ平」という地名については、次のような伝承が残っている。源義家▲が安倍頼時▲を征討するため、奥州にくだる途中、この地に来て、長者の館に泊ったところ、糧食・雨具など、一〇〇〇人分を義家が命じるままに供出したので、義家は征討をおえて都に戻る際、ふたたびこの地をとおることになり、このような長者を残しておくのは、のちのわずらいとなるであろうといって、焼き滅ぼしてしまった。長者ヶ平の地から焼米がでるのはそのためで、義家にちなむものであるという。

「将軍道」の名称も、もちろんこれは伝承であって、発掘調査の結果、長者ヶ平遺跡の倉庫群が火

災にあっていることは確認されたが、それは八世紀代のことであり、将軍道も また発掘されて、八世紀代ごろから始まることが確認された。ただし、話のイメージとして承の年代と遺跡の年代とは一致していないのである。したがって、伝は、ここに破格の勢力をもった駅長がいたことを反映していないかと気になるところである。通常、長者伝説は、郡家の想定地に多いが、近世の常陸国においては、長者伝説については、まず駅家と結びつけて解釈するのが一般的だったようである。たとえば、中山信名は、『新編常陸国誌』において、下土田村の長者屋敷や石滝村の長者屋敷について、駅長の居宅であるとして、長者屋敷の名の存するところをもって、「コレ駅家アリシ証ナリ」と断じている。また、小宮山楓軒の『水府志料』も今渡村の長者屋敷を駅舎の跡ではないかとし、宮本元球も『常陸郡郷考』のなかで、君山村の長者屋敷を駅長の居宅としている。この ような考え方は、明治時代にはいっても踏襲され、たとえば大槻文彦は、宮野村の長者屋敷を陸奥国栗原駅に、上葉場村の掃部長者屋敷を同国膽沢駅の駅長の居宅に比定している。広く長者屋敷について検討した斎藤忠は、それらには、都城の宮殿、国府、郡家、山城、寺院などにちなむものもあるが、やはり駅

▼小宮山楓軒　一七六四〜一八四〇（明和元〜天保十一）年。江戸時代後期の農政家。水戸藩士。本名昌秀。彰考館員となり、『大日本史』の編纂に従事、のち郡奉行となって活躍、晩年は徳川斉昭の側用人となった。農政・史学にすぐれ、編著書に『水府志料』『農政座右』『楓軒文書纂』などがある。

▼大槻文彦　一八四七〜一九二八（弘化四〜昭和三）年。国語学者。本名清復、号は復軒。東京都出身。父は儒者大槻磐渓。兄に大槻如電。漢学・洋学をおさめたのち国語研究に進み、十数年を費やして画期的な国語辞書『言海』を編修、一八八九（明治二十二）年から九一（同二十四）年にかけて刊行した。のち増訂版『大言海』を刊行。

三中が校訂を加え、さらに栗田寛が増補のうえ完成。一八九九（明治三十二）・一九〇一（同三十四）年に上下二冊本として刊行。

家関係の遺跡をも考慮すべきものがあると述べている。

ただし、義家によって滅ぼされたという長者伝説は、茨城県水戸市の台渡里廃寺や、同県かすみがうら市の下土田にも存在する。那賀郡寺に比定されるということは、こういった伝説は、後世にそれらを運ぶ人びとがいて、そのような漂泊する人びとが、焼米や礎石と長者伝説を結びつけていくことがあるのだと思われる。しかしまた、近年、三上喜孝は、郡家あるいはその関連遺跡から農具が出土することに注目して、郡家が農業経営の拠点としての意味ももっていたことを明らかにした。そして、郡家に「長者屋敷」伝説が存在することについて、郡司が長者のイメージをもっていて、後世まで意識されてきた場合もあったのではないかとしている。これは郡家の場合であり、駅家の長者伝説とは異なるが、場合によっては、ここに破格の勢力をもった長者がいた)が、歴史的事実を反映している場合もあるのではないだろうか。少なくとも、近世ぐらいには、駅長は長者のイメージで考えられていたことがあったことは気になることである。

それはともかくとして、駅長は、一般的に郷長クラス、場合によっては、郡

駅長の系譜

▼解状　令制の文書様式の一つ。被管官司が所管官司へ上申する際の書式。また個人の上申文書は令制では牒・辞とされたが、解が多く用いられた。

▼『出雲国風土記』　奈良時代の地誌。一巻。七三三（天平五）年成立。出雲の国土の沿革・行政施設・社寺・山川・物産などを記す。出雲の国引き神話は有名。現存の風土記中完備する唯一のもの。

領　氏族クラス程度の在地の有力者であったと推察される。永田英明は、近江国坂田郡大原に所在する同郡横川駅戸小長谷造福成の墾田の売却について、他の売券では、この駅家長文部麿が郡司に解状を提出している例に注目して、これにより駅長は国・郡の田地支配のもと郷長に相当する役割を担っていたとしている。

こうした文書は郷長解として作成される例が多く、これにより駅長は国・郡の田地支配のもと郷長に相当する役割を担っていたとしている。

駅長のイメージを右のように考えてくると、たとえば新田駅長は新田郷長を兼任しており、新田郷に芳賀郡の郡家別院を設置する際、積極的にそれを誘致したというような想像も許されるのではないだろうか。また、郡の側から考えてみても、郷長を兼任する駅長に正倉別院を管理させれば、なにかと好都合であったろう。ただし、この考え方を推し進めていくと、駅家にはできるだけ正倉別院を複合させたほうがよいことになってしまうが、先述したように、小犬丸遺跡や落地遺跡の周辺に郡家別院をさすと考えられるが、駅家の項目には皆無で、駅家と同名の郷にも正倉の記述はない。

また、『出雲国風土記』には、郷の項目の末尾に「即ち正倉あり」という記載がみられる場合があり、これらが郡家別院をさすと考えられるが、駅家の項目には皆無で、駅家と同名の郷にも正倉の記述はない。

ところで、近年の発掘調査によると、関東地方の駅家の想定地付近で、大型の倉庫がみつかる例がふえている。たとえば、常陸国藻島駅の想定地である茨城県笠間市の東平遺跡、同国安侯駅の想定地である茨城県日立市の長者山遺跡、同国平津駅の想定地に近い水戸市の大串遺跡、下野国田部駅の可能性がある栃木県上三川町・宇都宮市の上神主・茂原官衙遺跡などがあげられる。これらの遺跡は、関東地方のなかでも陸奥国に境を接する常陸国や下野国に存在することを考えると、当然、もう一つの要因として、蝦夷征討との関わりが浮かび上がってくるであろう。すなわち、これらの倉庫群は、危急時に備えて、稲を貯蓄しておく機能をもっていた可能性がある。また、このような考え方は、これまで長々と述べてきた駅家に正倉別院を複合させるという説と必ずしも矛盾するものではないであろう。正倉の性格は、基本的に、田租を永年貯積することにあるからである。

なお、田租の永年貯積は、基本的に穀稲の形態で行われるが、長者ヶ平遺跡の場合、頴稲の断片が付着した炭化米も出土しているので、倉院中央部の側柱式建物集中地区の掘立柱建物のなかには、頴稲をおさめた頴屋が含まれていた

▼**頴稲** 穂首で刈り取り、稲穂についたままの稲の称。正税の頴稲は出挙され、その利息は賑給以外の正税支出の財源となった。

全国の駅家の諸相

056

▼出挙　利子付き貸与の慣行。租税として律令国家の財源に組み込まれ、国郡が行った。正税・郡稲など各種の財源を確保する目的で、農民に強制的に貸与された。利率は五〇％、のち三〇％。

可能性が高まった。穎稲は、出挙本稲や地方官衙経費などとして頻繁に支出されるものであり、永年貯蔵されるものではない。また、粟・稗の炭化物も出土しており、貧窮民の救済を目的とする義倉も存在したとみられる。したがって、すべての倉が田租の永年貯蓄のためのものではないが、多くはそうであった可能性がある。

以上のような、長者ヶ平遺跡＝新田駅説が成り立つとすると、今後の官衙研究に一石を投じることになろう。すなわち、外見上は、郡家やその別院と郡家のみわけがつかない場合があることになるから、これまで、郡家やその別院と認定されてきた遺跡についても、駅家の可能性を検討する必要がでてくることになるわけである。

滋賀県大津市堂ノ上遺跡——瓦葺の駅館？

堂ノ上遺跡は、近江国庁のすぐ近くにある遺跡で、近江国勢多駅の可能性を指摘されている（図29）。一九七五〜七六（昭和五十〜五十一）年にかけて、滋賀県教育委員会によって発掘調査が行われ、礎石を用いた瓦葺建物群と掘立柱建物

全国の駅家の諸相

▼雨落溝　屋根から流れ落ちた雨水を排水処理することを主目的として掘削された溝。

●──図28　堂ノ上遺跡出土の軒丸・軒平瓦（林博通・葛野泰樹「大津市瀬田堂ノ上遺跡調査報告Ⅱ」より）

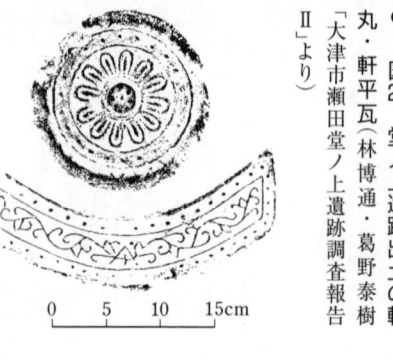

群が検出された。先行するのは瓦葺建物群で、築地塀（SA1）で囲まれたなかに、正殿（SB1）・後殿（SB2）とみられる二棟の東西棟、東脇殿（SB3）とみられる南北棟が確認された。正殿とみられる建物は、雨落溝（SD1）しか遺存しておらず、具体的な規模は明らかでないが、雨落溝から推測して、東西二一メートル、南北九メートル程度の規模が考えられる。脇殿とみられる建物は、礎石の根石が残っており、南北四間（一二・〇メートル）×東西一間（四・五メートル）の規模である。注目すべきことは、これらに使用された瓦類は近江国庁と同型式のものが多いことである（図28）。遺構の時期は、出土遺物からみて、奈良時代末から平安時代前期に存在したもので、承和十一（八四四）年六月銘の瓦が出土している。

一方、掘立柱建物群は、九世紀後半ごろから、十世紀前半ごろに存在したもので、礎石瓦葺建物に比して、やや規模が縮小している。正殿（SB4）とみられる建物は、瓦葺のそれと同位置にあって、東西五間（一二・〇メートル）×南北三間（六・三メートル）の規模で、総柱の建物である。この東南にある建物（SB5）は、南北五間（一五・〇メートル）×東西三間（五・六メートル）の規模で、内

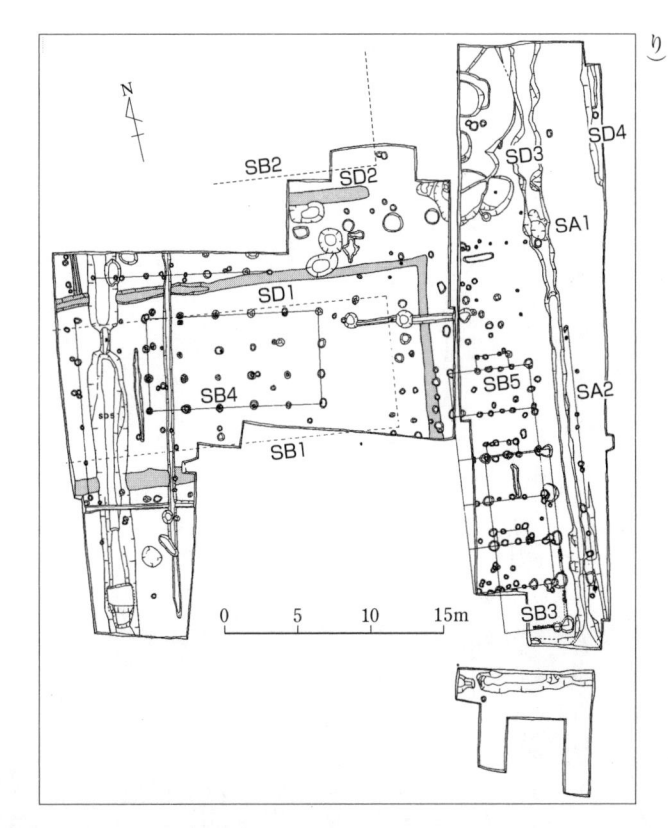

●──図29 堂ノ上遺跡(林博通・葛野泰樹「大津市瀬田堂ノ上遺跡調査報告Ⅱ」より)

●──図30 堂ノ上遺跡付近の推定東山道(金田章裕『古代景観史の探究』より)

1 近江国庁跡
2 堂ノ上遺跡
3 瀬田廃寺跡
4 青江遺跡
5 惣山遺跡
6 古代勢多橋遺構

▼勢多唐橋　滋賀県大津市の瀬田川にかかっていた橋。東国方面から京都への入路にあたる。一九八八(昭和六十三)年に、発掘調査によって、古代の橋脚などがみつかった。

▼国司館　国府にある国司の居館。

部を細かく仕切った特異な構造をもつことから、馬房ではないかとされた。なお、この時期には、築地塀にかわって、簡単な掘立柱の塀(SA2)が設けられている。

以上が遺構の概要であるが、この付近の東山道のルートについては、金田章裕の復原がある(図30)。それによれば、東山道は、発掘された勢多唐橋から、そのまま真直ぐ東進し、堂ノ上遺跡のすぐ南をとおって、国庁の南に達し、そこから北に向きを変えて、国庁を巻くようにして北進し、その後、南大萱で、東北に折れるというものである。堂ノ上遺跡自体は、丘陵上に位置するが、推定東山道は、その前面の谷部を東行することになり、若干の切通し的な状況がみられる。また、国庁の南側においても、幅約一二メートル程度の帯状窪地の状況を示す部分がある。以上のような推定東山道の状況からすると、堂ノ上遺跡の位置は、勢多駅の想定地としてきわめて適当であろう。もっとも木下は、この地を以前から国司館とみており、諸国の国司館は、駅路にそう場合が多いようなので、その可能性も十分にありうる。また、堂ノ上遺跡が勢多駅であるにしても、その年代が奈良時代末以降のものであるので、それ以前の駅家の位

置についても検討する必要がある。金田が想定した東山道のルートは、国庁の南で九〇度に折れることや、必ずしも勢多唐橋から南大萱までの最短距離にならないことなどからみて、おそらく国庁の整備にともなって、付け替えられたもので、それ以前の駅路のルートについても、検討する必要があろう。

各地の瓦葺駅館

 以上のように、堂ノ上遺跡を勢多駅と断定するには、まだ若干の問題があるが、かりにそうであるとすると、この遺跡が瓦葺であることが注目される。しかも、その瓦は、近江国庁と同型式のものであるので、国庁と同時に整備された可能性が高い。本書の①章では、山陽道の瓦葺駅館について述べたが、堂ノ上遺跡が勢多駅であるとすると、山陽道以外の駅家においても、瓦葺のものがあったことになる。

 従来は、どちらかというと、山陽道以外の駅家は、瓦葺のものはなかったと考えられてきたので、瓦の出土地を駅家の候補地からはずすことが多かった。

 しかし、①章で、山陽道の駅家の瓦葺化の根拠として取り上げた『家伝(かでん)』には、

全国の駅家の諸相

藤原武智麻呂の神亀年間(七二四～七二九)の業績として「京邑及び諸駅家」を「瓦屋楷甓」にしたという記載があり、ここには単に「諸駅家」とあるので、必ずしも山陽道に限定して考えなくてもよいのかもしれない。律令国家にとって、駅家は、重要な施設であったので、一部、瓦葺の駅家が存在してもおかしくはない。

▼『常陸国風土記』 奈良時代の常陸国の地誌。一巻。七一三(和銅六)年の詔(みことのり)により常陸国司が撰進。

茨城県水戸市の田谷遺跡は、文字瓦を出土するが、本格的な発掘調査は行われておらず、寺院か官衙か確定していない。黒沢彰哉は、『常陸国風土記』の記事などから、積極的に、この遺跡を常陸国那賀郡の河内駅に比定している。

栃木県上三川町・宇都宮市の上神主・茂原官衙遺跡は、一九九五～二〇〇二(平成七～十四)年にかけて、上三川町教育委員会と、宇都宮市教育委員会によって発掘調査が行われた。その結果、下野国河内郡家の遺構と考えられているが、その位置などから、田部駅の可能性もある。大型の総柱建物に葺かれていたと考えられる大量の文字瓦が出土している。

栃木市(旧岩舟町)の畳岡(たたみおか)遺跡は、一九七六(昭和五十一)年に、栃木県教育委員会によって発掘調査され、東西二〇×南北三〇メートル程度の基壇状遺構を検

図31 入谷遺跡出土の軒丸瓦

出した。この遺跡は、従来、寺院と考えられてきたが、発掘調査の結果、官衙であることが判明した。三鴨駅の想定地付近にあたることから、駅家の可能性があり、国分寺と同系統の瓦が出土している。

群馬県太田市の入谷遺跡は、一九八五〜八六(昭和六十〜六十一)年にかけて、新田町教育委員会によって発掘調査が行われ、初期新田駅もしくは新田郡家の別院と推定されている遺跡である(図32)。推定東山道に面して、大溝で区画されたなかに、二棟の礎石総柱建物が検出されている。これらの建物は瓦葺で、その創建年代は、七世紀第4四半期と考えられる。また、廃絶時期は、八世紀後半ないし九世紀初頭とされるので、この遺跡の前面をとおる初期東山道が、八世紀後半で廃絶することとほぼ対応することになって興味深い。なお、発掘調査は、大溝内の一部でしか行われておらず、さらに多くの建物がそのなかに存在すると思われる。

鳥取県湯梨浜町の石脇第3遺跡は、一九九六(平成八)年に、鳥取県教育文化財団によって発掘調査が行われ、伯耆国の笏賀駅の可能性が高いとされている遺跡である(図33)。一辺約五四メートルの溝で方形に区画された内部に、六棟

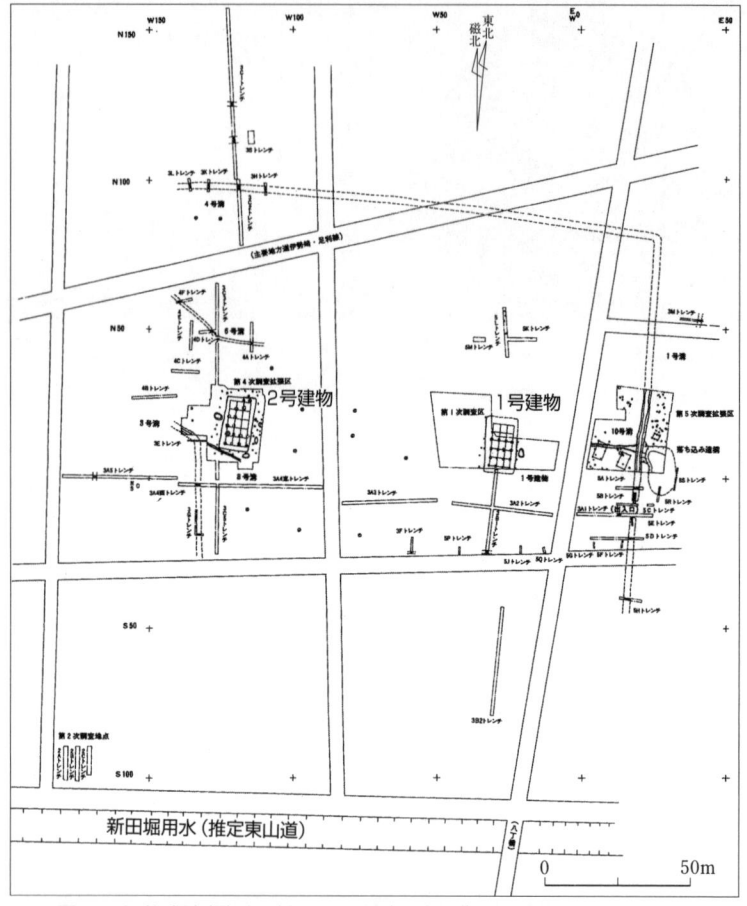

●──図32　入谷遺跡（群馬県新田町教育委員会編『入谷遺跡Ⅲ』を改変）

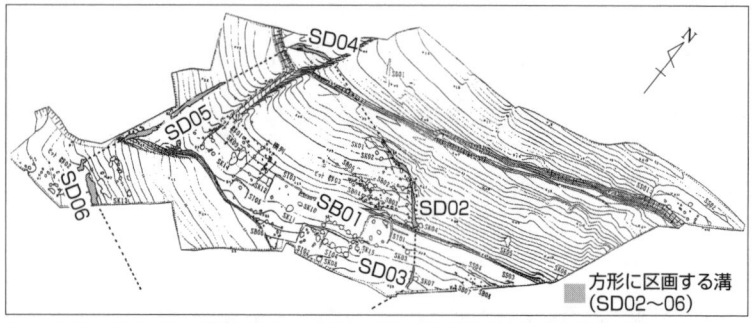

●──図33　石脇第３遺跡（縮尺1/1600。原田雅弘「鳥取県石脇第３遺跡の調査」より）

●——図34　石脇第３遺跡出土の瓦実測図（原田雅弘「鳥取県石脇第３遺跡の調査」より）

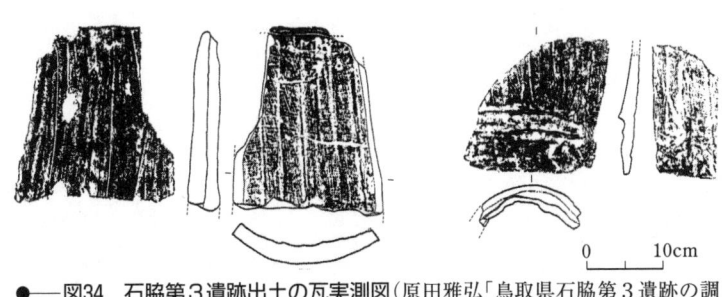

の掘立柱建物が検出されたが、そのうちのSB01は、三間×四間の比較的規模の大きいもので、奈良時代以降のものと考えられている。区画溝の底面およびその両側には、複数のピットがみられるものがあり、柵列状もしくは簡単な塀状の施設であったと想定されている。山陰道は、この方形の区画の前面を東南東から西北西に走っていたと推定されており、方形区画は、それと方位をそろえている。出土した瓦については、平瓦が多数を占めており、軒丸瓦・丸瓦が少量含まれている。瓦の量から、建物が総瓦葺であったとは考えられず、建物の軒先や塀に部分的に葺かれていたものと考えられる。瓦の時期は、不明瞭であるが、大部分の瓦は、古いものとは考えられず、むしろ共伴した遺物は、さかのぼっても十二世紀ごろのものであった。ただし、溝状遺構の底面にみられるピットが重複していることから、かなり建替えが行われていることが考えられ、周辺で出土する遺物に奈良時代にまで確実にさかのぼるものがあることからも、長期にわたって遺構が存続していた可能性はある。なお、当遺跡の南西約三〇〇メートルの谷を隔てた場所に、寺戸第一遺跡があり、奈良・平安時代の掘立柱建物や竪穴住居などが検出され、製塩土器も出土しており、その西

側には「久塚」の小字地名が残っている。島根県大田市の中祖(なかそ)遺跡は、従来、樟道駅(くすち)の想定されていたところでみつかった遺跡であるが、奈良時代後半から平安時代初めにかけての瓦葺礎石建物跡一棟が検出されている。

とくに発掘調査が行われていなくても、駅家の想定地に瓦が散布しているような例は、ほかにも若干あるようであり、山陽道以外でも、堂ノ上遺跡のように、一部の駅家においては、瓦が使われた可能性がある。とくに、瓦葺の駅家の可能性がある遺跡や、する駅家の場合は、要注意であろう。また、瓦葺の駅家の想定地付近で瓦が出土する遺跡は、関東地方に多いようであるが、関東では、郡家にも瓦が使用される例が多いので、一つの地域性として解釈できるかもしれない。もっとも、全国的にみれば、瓦葺の駅家が存在したとしても、それはごく一部で、大部分の駅家は瓦葺ではなかったであろう。

③——出土文字資料からみた駅家

出土文字資料の意義

近年の古代史研究において、木簡・墨書土器・漆紙文書などの出土文字資料の果たした意味は、実に大きい。古代の駅家研究においても、それらを活用することによって、新しい展望が生まれている。

その第一の意義は、『延喜式』以前の駅家や駅路のルートの復原に役立つ可能性があることである。すなわち、近年の古代駅路研究によって、奈良時代までの駅路と、平安時代以降の駅路は、ルートや形態が大きく変わり、当然、それにともなって、駅家の廃止や新置が行われていることがわかってきた。『延喜式』諸国駅伝馬条にみる駅名の一覧は、駅家の最終配置を示すものにすぎないので、それ以前の状況については、『風土記』や『続日本紀』などに断片的にみえる駅名を参照するしかなかったのである。とくに、駅路や駅家の変革期にあたる時期の国史である『日本後紀』は、失われた部分が多いのが致命的であった。

ところが、奈良時代もしくはそれ以前の駅名を記した文字資料が出土すれば、

▼漆紙文書　漆塗りの作業の際、漆液を良好に保つため、公文書の反故紙でつくったふたをしたため、紙ぶたに漆が染み込み、地中でも遺存できた文書のこと。

当時の駅家の位置や駅路のルートの復原に著しく役立つのである。

第二に、とくに木簡や漆紙文書によれば、単なる駅名のみでなく、『律令』だけではわからなかった当時の駅家の機能にまで踏み込んで、新しい知見をもたらしてくれる場合がある。

第三に、もっとも単純なことであるが、その文字資料が出土した遺跡の性格を確定することに寄与する面が大きいということがある。たとえば、小犬丸遺跡においては、「布勢駅戸主」云々と書かれた木簡や、「駅」「布勢井辺家」と記された墨書土器が出土したことが、この遺跡が布勢駅家であることを確定した。

ところが、皮肉なことに、小犬丸遺跡のようなケースは、現在のところ、きめてまれな例で、全国的にかなりの数の駅家関係の文字資料が出土しているが、それらは、遺構と対応している例がほとんどないのである。反対に、②章で取り上げた玉虫色の遺跡、すなわち、文字資料が出土してほしい遺跡では、不思議なことに駅家を示すような資料がでていない。これは、現在のところでは、偶然のなせる業としか説明がつかないが、今後は、両者がタイアップできる遺跡がみつかってくることを期待したい。

▼多賀城　陸奥国におかれた古代の城柵。宮城県多賀城市市川・浮島にあり、仙台平野の北端に位置する。多賀城碑には七二四（神亀元）年に鎮守府将軍大野東人がおくと記す。陸奥国府・鎮守府が設置された。

▼計帳　令制において戸籍とならぶ基本帳簿。一国の戸数・口数・課口数・調庸物数を書き上げた統計的帳簿。

多賀城市山王遺跡——駅子の強制的移住?

多賀城の南西に広がる山王遺跡では、調・庸・雑徭などの課役に人民を徴発するための台帳である計帳の漆紙文書が出土している（図35）。中央にみえる財部小里が戸主で、ついで妻が記されているが、その次の男財部得麻呂（年二九歳）は、下段の注記によれば、駅家里戸主丈部祢麻呂の戸に割り付けられている。すなわち、財部小里の戸から移されて駅家里の丈部祢麻呂の戸にいれられたことを示すものとみられる。こういった場合、駅家里が駅家の近くにないと、その要をなさないので、強制的な移住をともなった可能性が高い。

そもそも駅家は、原則として三〇里ごとに、既存の集落とは無関係に、機械的に設置されたと考えられるので、駅戸集落は、人びとを集めてつくった人工的集落であった場合が多いと考えられ、その形成には、強制的な移住を必要としたであろう。

なお、山王遺跡で出土した漆紙文書に記された駅家里の駅家がどこに存在したかという問題であるが、『延喜式』における多賀城の最寄駅は、栖屋駅で、仙台市岩切に比定されるので、多賀城から西に約四キロほど離れる。栖屋駅は、

● 図35 山王遺跡で出土した漆紙文書（多賀城市埋蔵文化財調査センター編『山王遺跡──第17次調査──出土の漆紙文書』より）

● 図36 秋田城跡で出土した漆紙文書

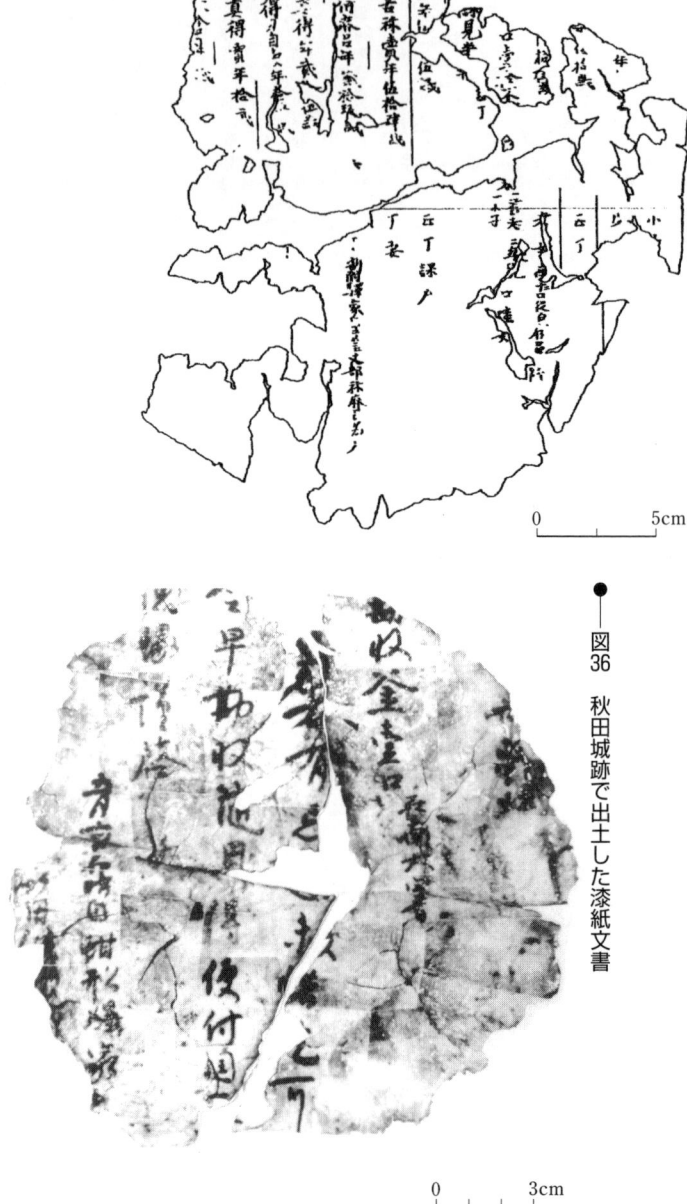

東山道の本道の駅で、ここから多賀城には支路で連絡していたのである。本来、国府にはその付属駅とでもいうべきものが存在するのが一般的だったので、あるいは、『延喜式』の支路の前身にあたる東西大路と、多賀城政庁の朱雀大路の延長線にあたる南北大路との交点付近に、多賀城（陸奥国府）の付属駅が存在したのではないだろうか。最近、この付近で、大型の掘立柱建物が出土しているのが注目される。

秋田市秋田城——駅家の郵便機能

古代の出羽地方をおさめた中心施設である秋田城から、秋田市教育委員会の発掘調査によって、一九九〇（平成二）年に、次のような書状の漆紙文書が出土した（図36）。

（表）　　在南大室者
　　勘収釜壹口
　　□□若有忘怠未収者乞可
　　令早勘収随恩得便付国□□

五月六日卯時自蚶形駅家申

□縁謹啓
〔徳カ〕

竹田継□

（裏）

封　□

務所　竹継状

介御舘

秋田城につとめる竹田継□という役人が、釜（鉄製または銅製）の収納の確認のために、蚶形地方に出張したらしいが、「釜一口の確認をおえたけれども、もう一度、その点を指示してほしい」という内容である。

蚶形駅は、『延喜式』にも蚶方駅としてみえ、現在の秋田県にかほ市象潟町狐森付近に比定される。有名な松尾芭蕉の『奥の細道』にも「象潟」として登場する地名である。「国□」について平川南は、国使であろうと推測している。すなわち、「卯の時」は、午前五～七時にあたるから、竹田継□は、朝一番に駅家

▼**国使**　国司が派遣する使者。諸国の行政報告や貢進物納入のため上京する使者や、国内行政のため国内に派遣される使者があった。

▼介 令制で、国司の四等官のうち第二等官。

□は、介▲すけの館たちから返事が届くまで、この駅家に滞在していたであろう。平川は、この漆紙文書から、古代の駅家は、交通機能だけではなく、郵便機能また宿泊機能を兼ね備えた多目的施設であったとしている。

を出立する国使に託して、この手紙を秋田城に送っていたことになる。そして、継

●──図37 東平遺跡で出土した墨書土器（海老澤稔・黒澤彰哉「岩間町東平遺跡発掘調査報告」より）

茨城県笠間市東平遺跡──駅家の軍事的性格

茨城県笠間市安居かさまあごは、『延喜式』の常陸国安侯駅ひたちのくにあこに比定されてきた場所であるが、二〇〇〇（平成十二）年に、東平遺跡発掘調査会の調査によって、東側をとおる想定駅路と同方位をとる大型の礎石建物（第一号建物）と掘立柱建物（第二号建物）を一棟ずつ検出した（図38）。礎石建物の年代は、八世紀後半と考えられ、その性格は、倉庫とみなされている。この前年の同遺跡の調査では、想定駅路の東側から、「騎兵長『十』」と書かれた墨書土器（図37）と九世紀第1四半期の住居跡が検出されている。平川は、この墨書について、一〇人を単位として騎兵隊が編成されていたことを示すとみなしている。すなわち、常陸国のおそらく征夷せいいにかかわる騎兵隊が安侯駅家に滞在して、馬をはじめとする兵備を整えて

● 図38 東平遺跡（岩間町教育委員会社会教育課編『岩間町東平遺跡発掘調査報告書』より）

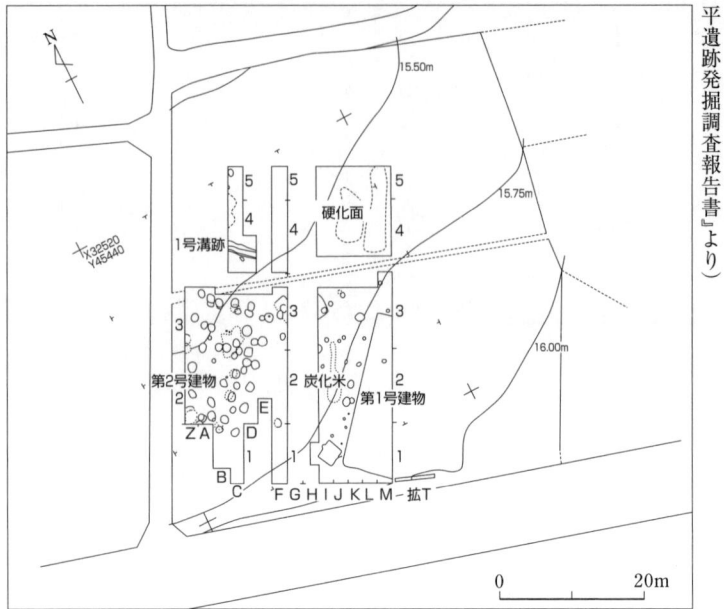

● 図39 白石遺跡（茨城県教育財団編『白石遺跡』より）

いたのではないかとして、駅家の軍事的機能に注目している。そして、七三七（天平九）年の藤原麻呂の征夷の際に、陸奥国から出羽国の大室駅に、騎兵が集結している例をあげている。

ところで、安侯駅の一つ北の駅家は河内駅で、前章で述べたように、この駅家を水戸市の田谷遺跡に比定する説があるが、田谷遺跡から東に、想定駅路を挟んだ向かい側に、白石遺跡が存在する。白石遺跡は、一九九〇〜九一（平成二〜三）年に、茨城県教育財団によって発掘調査が行われ、平安時代のものとされる五間×三間の掘立柱建物三棟と、その東南に一辺一一メートルの方形の基壇が検出されている。注目すべきは、三棟の掘立柱建物の西方に、一辺九・七メートルの方形を呈するとみられる幅一・二メートルほどの一号溝が存在し、その東辺の溝に平行して、三六間×二間の一辺八八メートルにもおよぶ長大なII区二号建物が存在することである（図39）。方形の溝に関しては、少ない遺物からではあるが、八世紀前半代のものと考えられている。この八八メートルにもおよぶ長大な建物は、まず、馬房の可能性を考える必要があろう。しかし、『延喜式』によれば、河内駅は、東海・東山道の連絡路上の駅にあたるので、駅馬数はわずか二疋である。また、

▼藤原麻呂　六九五〜七三七（持統天皇九〜天平九）年。奈良時代前半期の公卿。参議、従三位。京家の祖。父は不比等、母は不比等の異母妹五百重の娘。晩年は持節大使として蝦夷征討に尽力したが、病死した。

●――図40　羽犬塚中道遺跡で出土した墨書土器（筑後市教育委員会編『筑後市内遺跡群VI』より）

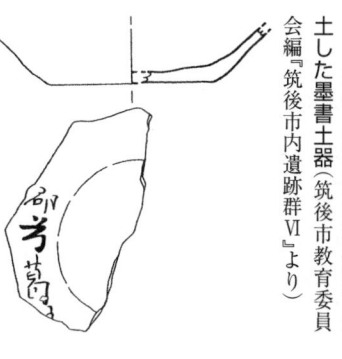

茨城県笠間市東平遺跡

七一八（養老二）年に、石城国が設置され、翌年に同国内に駅家がおかれた際に は、東海道本道の駅家として、一〇疋の駅馬がおかれた可能性が高いが、それ にしても、白石遺跡の馬房は、長大すぎるであろう。したがって、河内駅にも、 安侯駅と同様に、騎兵がプールされており、そのための馬房と考えたほうがよ いのではないだろうか。

ところで、駅家は、そもそも兵部省の管轄になっているが、高橋は、『延喜 式』諸国駅伝馬条に、全国の駅名と駅馬数が書き上げられているのは、軍事を つかさどる兵部省が、ある場所で軍事的な異変が起きた場合に、どこで何疋の 馬を軍馬として徴発するかという作戦を立てることが必要であったからだとし ている。また、高橋は、壬申の乱の際に、大海人皇子軍の進軍コースが東山道 であり、しかも戦闘を行ったところが、駅家がおかれていた地点に近いことに 注目している。すなわち、「息長横河」の戦闘が横川駅、「安河浜」が篠原駅、 「栗太」と「瀬田橋」が勢多駅にそれぞれ該当することになり、これは近江朝廷軍が駅家に陣を張っていたために、その近くで戦闘が行 われることになったためとしている。

▼兵部省　九四ページ参照。

▼壬申の乱　六七二（天武天皇元）年六月に起こった、天智天皇の弟大海人皇子と天智天皇の子大友皇子との皇位継承をめぐる内乱。天智天皇没後、吉野宮を脱出した大海人皇子は、美濃を拠点に東国の兵を動員して、大友皇子の近江朝廷軍を破った。大海人皇子は、翌年二月飛鳥浄御原で即位して天武天皇となった。

▼公式令　令の編目の一つ。養老令の第二一編。八九条からなる。公文書の様式・作成および施行手続き、印章、駅制、朝廷の礼式・作法などに関する規定。

▼『肥前国風土記』 七一三（和銅六）年の官命を受けて編纂された地誌。一巻。体裁・内容のうえで、『豊後国風土記』と共通すると ころが多く、大宰府で一括して編纂されたと考えられる。編者は不明。七二〇（養老四）年撰進の『日本書紀』を素材にしていること、七四〇（天平十二）年ごろまで実施の郷里制に基づく地名表記をとることから、この期間に完成したとみられる。

● ——図41 吉野ヶ里遺跡志波屋四の坪地区で出土した墨書土器

また、とくに西海道に多い「車路」地名は、ほとんど例外なく、古代の駅路に、鞠智城や基肄城などの古代山城と密接な関係を示す。木下は、「公式令」に車の行程が一日に三〇里と書かれていて、これが駅間距離と一致する。一日で三〇里＝約一六キロ行くとなると、おそらく牛が引く軍用輜重車があって、駅家がその中継基地としての役割を果たしていたのではないかとしている。実際に、付近で「葛野」と書かれた墨書土器（図40）が出土した筑後国の葛野駅の想定地では、「葛野」に隣接して、「丑ノマヤ」という小字名が存在する。

また、佐賀県吉野ヶ里遺跡の志波屋四の坪地区では、『肥前国風土記』▲にみえる八世紀代を中心とする神埼郡の駅家の一部 衙的な建物群が検出されており、ここでは「丑殿」と書かれた墨書土器（図41）が出土している。

埼玉県川越市八幡前・若宮遺跡——東山道武蔵路の確定

武蔵国は、七七一（宝亀二）年に、行政区域としての東山道から東海道へと所属替えになった。したがって、それ以前には、武蔵国府へ達する東山道駅路が

▼郵岡良弼（こうか）　一八四五〜一九一七（弘化二〜大正六）年。明治・大正期の法制官僚、地理・制度史学者。下総国生まれ。一八八六（明治十九）年には、内閣記録課課長に就任。退官後は、『日本地理志料』七二巻を一九〇三（明治三十六）年に出版するなど旺盛な学究活動に専念した。

▼吉田東伍（とうご）　一八六四〜一九一八（元治元〜大正七）年。明治・大正期の歴史学者。新潟県出身。『読売新聞』の史論で異才を発揮し、東京専門学校教員となった。歴史地理学・社会経済史を重視する学風で、在野の日本史学の先駆者の一人。著書に『大日本地名辞書』など。

存在したことになる。その経路については、郵岡良弼の『日本地理志料』が、上野国邑楽郡から東寄りに下総国内をとおって武蔵国府に達するルートを想定したのに対し、吉田東伍の『大日本地名辞書』は、上野国から直接、武蔵国へはいって国府にいたるとした。両説は、そのあとの論者によって、修正・継承され、定説をみることがなかった。後者の立場をとる木下は、埼玉県狭山市付近を直線的に北上する鎌倉街道堀兼道（図42 L—M—N—O—P—Q—R—S）を東山道武蔵路に比定したが、ほぼ同時に、堀兼道のおおよそ南への延長線上にあたる所沢市の東の上遺跡（K）で、幅一二メートルの道路状遺構が検出され、これが武蔵路にあたることは、ほぼ確実となった。

ところで、堀兼道は、川越市にはいった辺りから、東寄りに方向を変え、川越の市街地付近へと向かうが、筆者は、堀兼道をほぼ真直ぐ北へ延長すると、入間川の対岸の女堀と呼ばれる直線的な堀跡（T—U）に連なることに気がついた。女堀は、現在は宅地造成のために消滅してしまったが、事前に埼玉県埋蔵文化財調査事業団によって、女堀Ⅱ遺跡として発掘調査が行われ、上幅八〜九メートル、底幅一〜二メートル、深さ二・五メートル程度の長大な堀跡を検出

図42 堀兼道と女堀（木本雅康『古代の道路事情』より）

した。その性格については、用水説や川越城の外堀説などがあるが、筆者は、この堀にそう東側の土塁の下から、女堀と約一〇～一二メートル隔てて並行する小溝が検出されていることに注目した。すなわち、この小溝は、もともと東山道武蔵路の東側溝で、のちに西側の側溝を拡大して、女堀が成立したのではないかと考えたのである。

たまたまこのような主旨の論文を、一九九二(平成四)年にしたためたところ、翌年の冬に、川越市教育委員会の田中信から、電話がかかってきた。入間川の近くの八幡前・若宮遺跡で「駅長」と記された墨書土器がみつかったという(カバー裏写真)。早速、現地にうかがって、土器をみせていただいたが、その出土地点(Ⅴ)は、堀兼道と女堀を直線で結んだほぼライン上で、入間川左岸の台地斜面であった。道路そのものは検出されていないが、地図上で測定すると、遺跡のすぐ東側を武蔵路がとおることになる。墨書土器は、調査区南半の土坑群から検出され、土器の年代は、八世紀前半とされるので、武蔵路が機能していた時期に相当する。この発見によって、堀兼道と女堀を結んだルートが武蔵路であったことがほぼ確実となった。また、調査区域内からは、直接駅館の一部

●——図43　東の上遺跡で出土した漆紙文書（平川南『よみがえる古代文書』より）

になるような遺構は検出されなかったが、入間川の渡河点付近に武蔵路上の駅家が存在していたと考えられるようになった。

ところで、平川は、ここから平均駅間距離である三〇里（約一六キロ）南下した地点にあたる東の上遺跡で、馬の戯画を描いた漆紙文書（図43）が出土したことから、東の上遺跡が駅家であった可能性を指摘している。また、根本靖は、東の上遺跡で検出された推定東山道武蔵路の西約一〇〇メートルの地点に位置して、道路と同方位をとる一辺四二〜四五メートルの区画溝の内部に存在する四間×三間の総柱建物二棟などについて、より積極的に駅家の一部ではないかとみている。

静岡県浜松市伊場遺跡——駅家の成立をめぐって

浜松市伊場遺跡は、一九六八〜八一（昭和四十三〜五十六）年に、浜松市教育委員会によって本格的な発掘調査がなされた。七世紀後半から十世紀代にかけての掘立柱建物群と大溝が検出されており、大溝から多量の木簡・墨書土器が出土している。それらのなかには、「駅家玉作部稲□〔万ヵ〕×」「栗原若日下部五

出土文字資料からみた駅家

●──図44 伊場遺跡で出土した墨書土器

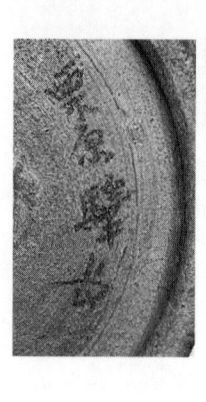

▼飛鳥浄御原令　天武天皇・持統天皇のとき、制定された令。六八一（天武天皇十）年律令の制定が命じられ、六八九（持統天皇三）年に、令二二巻が諸司に頒布された。

百嶋」「栗原玉作部□〔直〕」などの木簡、「駅長□〔壱〕」「栗原駅長」（図44）といった墨書土器などがみられ、付近に遠江国栗原駅が存在したことはまちがいないが、遺跡内からは、それに相当するような建物跡は検出されていない。注目すべき木簡として、報告書において「敷智郡屋椋帳」（二一号）と仮称されたものがあり、その内容は、人名とそれに付随する屋・倉数を書き連ねた一種の帳簿であり、その表とされる面の五段目右側に「駅評人」の記載がある（図45）。木簡の年紀については不明であるが、当木簡中に「五十戸」という表記がみられ、荷札木簡における「五十戸」表記は、おおよそ飛鳥浄御原令の施行を境にして「里」表記へと変化することが指摘されているので、この木簡も浄御原令施行以前までさかのぼる可能性が高い。

さて、この駅評がなにを意味しているかについては諸説があるが、永田英明は、同じ木簡に記載された「加□□五十戸人」と「渕評」内部で並列の関係にあり、こうした構造は、大宝令制下の駅戸集団と里の関係と変わらないので、「駅評」とは、のちの駅戸集団に相当するものと理解した。そして、コホリ（評）は、いわゆる国─郡（評）制の枠組みだけではとらえきれないとして、

082

図45 伊場遺跡出土第二二号木簡

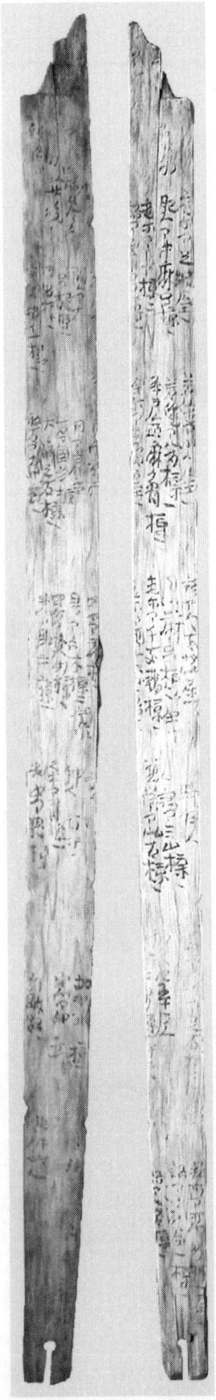

（表）
　人　□委尓部足結屋一　若倭部小人屋一　語部□支□屋一　駅評人　軽部軽部足石椋一屋一　蘇可部□男椋一屋一
×□椋□双　肥人部牛麻呂椋一　若倭部八石椋一　同小麻呂椋一屋　語部三山椋一　加□□〔江カ〕五十戸人　語部小衣屋一椋一
□一　委尓部長椋二　五十戸造麻久□椋二　委尓部千支鞨椋一〔比〕　□□男椋一宇　語部小君椋一
□部衣依□屋　語部山麻呂椋一　宗尓部□屋一　委尓部酒人椋一　語部□古椋一　語部□

（裏）
□□□□□□□　宗可部□椋一
□部□椋□今　間人部　同部□屋　日下部木椋二今作〔伴カ〕神□部〔人カ〕□部□椋□　宗何部伊□椋一
×□□□　□部龍椋一　石部国□椋一　大□部足石椋一　宗□□□□椋一
□□□　女屋一　同□椋一　宗宜部□椋二　敢石部角椋一　宗□□□□部□

「駅評」は駅制運営のために「渕評」に重層して設置された、一般の評とは異なるタイプの「コホリ」＝駅戸集団とした。コホリの性格について鎌田元一は、大化前代において、ミヤケとそこに付属する土地・人民の総体をとらえる概念として「コホリ」の語が使用され、やがて館舎としての「ミヤケ」を中核とする領域支配一般の名称に拡大したとみる。永田は、駅家とは、日本の古代において一種の「ヤケ」と観念されており、ヤケとは、一般的にヤ（屋）・クラ（倉）などの建造物をカド（門）の取りついたカキ（垣）などの区画施設で囲むという独立的な景観をもっていたとする。さらに、ヤケの基本的な機能として、農業経営の拠点があげられるが、駅家は、固有の田地とクラを拠点として田地耕作や出挙活動を行い、そこからあがる収益を基礎に経営を行うという構造をもっていた。すなわち、駅家の経営方式は、いわゆる「後期型ミヤケ」の経営方式の系譜を引くと考えられる。

なお、駅評が駅家の前身であったことや、駅評に関連する可能性がある地名として、伊場遺跡の近くに「馬郡」、伯耆国奈和駅家の想定地である鳥取県大山町名和に「馬郡」、『肥前国風土記』神埼郡条にみえる「駅壱所」の所在地と考え

──図46　岡山県立博物館所蔵の須恵器に刻書された「馬評」

られる佐賀県吉野ヶ里遺跡の西側に「馬郡（まぐい）」の地名があることから、中村太一は、「駅評」は、「ウマノコホリ」と読まれたのではないかとしている。そして、岡山県立博物館所蔵の七世紀中ごろの須恵器に刻書された「馬評」（図46）や、滋賀県西河原森ノ内遺跡（にしがわらもりのうち）出土の木簡にみえる「馬評」も、駅評と同様のものとみる。中村は、落地遺跡（おろち）八反坪（はったんつぼ）地区で検出されたコの字型建物を、駅評のヤケとするが、その規模が小さいことについて、国際的緊張関係のなかで、急いで整備されたためとし、大宝・養老令駅制における駅家との相違を示唆している。筆者も、天智朝ごろに最初に設置された駅家は、その後に拡大整備されたものが多かったのではないかとみる。たとえば、『常陸国風土記』にみえる河内駅や、『出雲（いずも）国風土記』にみえる黒田（くろだ）駅は、移転しており、それがいつのことかはわからないが、移転にともなって拡大整備されたのではないだろうか。あるいは、移転をともなわなくとも、同地で拡大整備された駅家は多かったのではないかと想像される。前章でふれた下野国新田（しもつけのにゅうた）駅の可能性がある長者ヶ平（ちょうじゃがだいら）遺跡の場合も、八世紀前半以前の大型掘立柱建物は、八世紀前半にコの字型建物に改変されている。

静岡県浜松市伊場遺跡

●——図47　坂尻遺跡で出土した墨書土器

静岡県袋井市坂尻遺跡——駅と郡の関係

静岡県袋井市の坂尻遺跡は、一九八〇～八五(昭和五十五～六十)年まで、袋井市教育委員会によって、発掘調査が行われ、古墳時代から中世までの遺構・遺物を検出した(図48)。とくに奈良時代の墨書土器が多数発見されたが、そのなかには、「日根駅家」「□駅」「駅」「駅長」「駅子」「駅富」「大上日請駅家」(図47)「三年水鉢　駅」と記された駅家関係のものや、「佐野厨家」のような郡家を示唆するものが存在することが注目される。また、「玉郷長」と記された墨書土器は、郷長への供給を示すか、郡家などでの行事・政務などに参加した郷長への供給を示すか、山中敏史は、郡単位に用意された食器(食膳)が持ち込まれた可能性もあるとしている。ただし、当遺跡において検出された奈良時代の掘立柱建物は、いずれも規模が小さく、駅家・郡家のいずれにせよ、その中心部分ではないであろう。そ の点では、伊場遺跡に似ている。墨書土器のうち、「日根駅家」は、『延喜式』にはみえない駅名なので、駅家の廃止や変遷があったことがうかがえる。

また、「大上日請駅家」と記されたものについて、原秀三郎は、文書風の土器墨書というべきもので、大を大領の略語とみて、「大(領)の上日を駅家に請

―図48 坂尻遺跡の墨書土器出土遺構位置図（袋井市教育委員会編『坂尻遺跡』より）

▼合点　文書中のある文言の肩に斜線（点）をかけること。その文言が正確であることを証明、あるいはその文言を承知する意を示す。

▼伝馬　律令制下、郡ごとに設置され、伝使などが乗用する馬。

う」と読めるのではないかとしている。すなわち、大領の出勤日調べのため、駅家への上日を郡家が求めたものと解するわけである。さらに、原は、この土器は、一見駅家宛のものにみえるが、上方から右側にかけて合点がつけられているので、使に付して駅家に持参させたとしても、ふたたび持ち帰って、そこで合点が付されたか、あるいは、使用者といっしょには動かず、いわばメモとして郡家にとどめおかれ、その用務が終了したあとに合点が付されたと解釈している。そして、坂尻遺跡は、佐野郡家の一部であり、検出された一連の遺構群は、そのなかにおかれた日根駅家の詰所ないし事務所とみなしている。この解釈の当否はともかくとして、当遺跡の墨書土器の内容から、駅家と郡司の密接な関係がうかがえよう。

本来、駅家の経営は、国司のもとで、駅長がこれにあたるのに対し、伝馬については、国司のもとで、郡司がこれにあたっていた。大日方克己は、駅伝馬の不法乗用を禁止する天平宝字八（七六四）年十月十日の勅（『類聚三代格』）において、伝馬の不法乗用が国司の責任として記されているのに対し、駅馬については、国司駅長の責任を追及し、郡司にはまったく言及していないことから、

律令が想定する駅制管轄の構造を国―駅という形で把握し、伝馬制管理の国―郡という構造に対置している。

　たしかに、法制的には、このような構造になっていると考えられるが、現場の実態としては、奈良時代を通じて、郡司の駅家への関与が進行していたのではないだろうか。中大輔は、全国的に駅家と郡家が同所にある例がみられることや、郡領氏族が駅長を兼任する例がかなりあることから、法制上では、駅家は郡（郡司）から相対的に独立していたのであるが、実態的には郡司クラスの地域首長が駅家運営に関与していたのではないかと述べている。

　ただし、それはなしくずし的に進行していったものと推測される。山中は、七三九（天平十一）年に、それまで駅家経営のための特別会計であった駅稲（駅起稲）が、一般会計である正税に混合されたことが、郡司の関与が強まる一契機となった可能性を指摘している。『続日本紀』神護景雲二（七六八）年三月条では、山陽道使藤原朝臣雄田麻呂が「本道は郡伝路遠くして、多く民苦を致す。乞うらくは復た駅に隷して将に迎送せん」と言上して許されている。この後半の一文について、足利健亮は、「難解であるが、伝送業務を駅家に移管したことか、

伝馬を駅家に移置したことかを示すものであろう」と述べている。前者では、駅馬を使って伝送業務もやっていることになり、駅馬と伝馬の両方がどのように役割分担をしていたか興味をもたれる。後者では、駅家には、駅長と郡司がそれぞれ働いておかれていたことになるので、駅家において、駅長と郡司がそれぞれ働いていたことになる。いずれにせよ、山陽道では、郡司が駅家の業務にかかわりやすい状況になっていたといえよう。

そして、平安時代にはいると、馬場基は、延暦十九（八〇〇）年九月二日官符では、「諸国駅家例多破壊。国郡怠慢」と駅家経営に郡司の責任があることを示していると同時に、同官符では、実際の修理に関しては国司の責任のみを追及しており、国司の監督下に郡司が駅家経営に関与しているようすも垣間みられるとしている。さらに、永田は、承和五（八三八）年十一月十八日官符では、郡司の駅家主当は、国司の次官以上の駅家専当とセットになって、諸使の不法乗用などを取り締まるとあることについて、郡司にも駅家経営に対する法的責任を規定したという意味で、重要であるとしている。『続日本後紀』承和七（八四〇）年四月二十三日条においては、承和五年の美濃国司の解により、大井駅

090　出土文字資料からみた駅家

▼『続日本後紀』勅撰の歴史書で六国史の一つ。藤原良房らの撰。二〇巻。八六九（貞観十一）年成立。八三三（天長十）年から八五〇（嘉祥三）年の仁明天皇一代の編年史で、平安時代前期の根本史料。

▼貢馬　地方から中央へ馬を貢上すること。

家の疲弊と坂本駅子の集団的逃亡によって、東山道の機能が一時停止状態に陥っていたことを記しているが、その理由の一つとして「郡司暗拙」があげられている。『類聚三代格』貞観十三(八七一)年六月十三日官符に引用されている参河国司解においては、駅長・郡司はともに貢馬使の威を畏れて不法乗用を容認する存在として描かれているが、永田は、このことは両者がともに駅家の現場で逓送業務に立ちあう存在であったことを示しているとする。

そして、『延喜式』では、駅家ごとの主当郡司が設定されており、その任務は、郡家を拠点に郡内を統括するという形ではなく、各駅ごとに決められた郡司がおのおのの駅家において、諸使の不法乗用の禁断に直接あたるという形態のものであったことがわかる。永田は、駅家主当郡司とは、専当国司の職掌を各駅の現地で執行する存在であったと述べている。

以上のように、平安時代にはいると、郡司の駅家への関与がより明確化するが、坂尻遺跡で出土した墨書土器は、その解釈いかんによれば、すでに奈良時代からその萌芽を示したものとして注目される。

兵庫県朝来市柴遺跡——駅家と出挙

　兵庫県朝来市の柴遺跡は、二〇〇〇〜〇一(平成十二〜十三)年にかけて、兵庫県教育委員会によって発掘された遺跡で、但馬国の粟鹿駅関連とされているものである。遺跡は、推定山陰道にそって、丹波国から遠阪峠を越えて、但馬国にはいったところに位置し、南面する山裾の狭い谷中から、八世紀から十世紀にかけての遺構・遺物を検出している(図49A・B地区)。遺物としては、土器約四五〇〇点(うち墨書土器約三五点)、転用硯三〇点以上、緑釉陶器二〇点以上、木製祭祀具五〇点、神功開宝一点などがあるが、とくに六点の木簡が出土していることが注目される。このうち、第一号木簡(図50)は「駅子委文マ豊足十束代稲穀一尺」と記され、掘立柱建物SB01の柱穴から出土したもので、建物廃絶後に廃棄もしくは流入したものと考えられる。この木簡については、平川による考察があり、以下それに依拠しつつみていきたい。
　木簡の形態は、付札木簡で、内容は、駅子の委文マ(倭文部)豊足が、穎稲一〇束のかわりに、稲穀一石で返納するというものである。なお、この木簡には、穎稲一束を一尺と記しており、このような用例は、紅葉山文庫本『令義解』賦役令

▼神功開宝　七六五(天平神護元)年九月鋳造の銅銭。律令国家が発行した皇朝十二銭の一つ。

▼『令義解』　官撰の養老令注釈書。当時さまざまな法文解釈がなされていたため、額田今足の上申により、右大臣清原夏野らが公的な解釈を示したもの。八三三(天長十)年完成。翌年施行。令文とともに注釈部分も一定の法的強制力をもつものとされた。

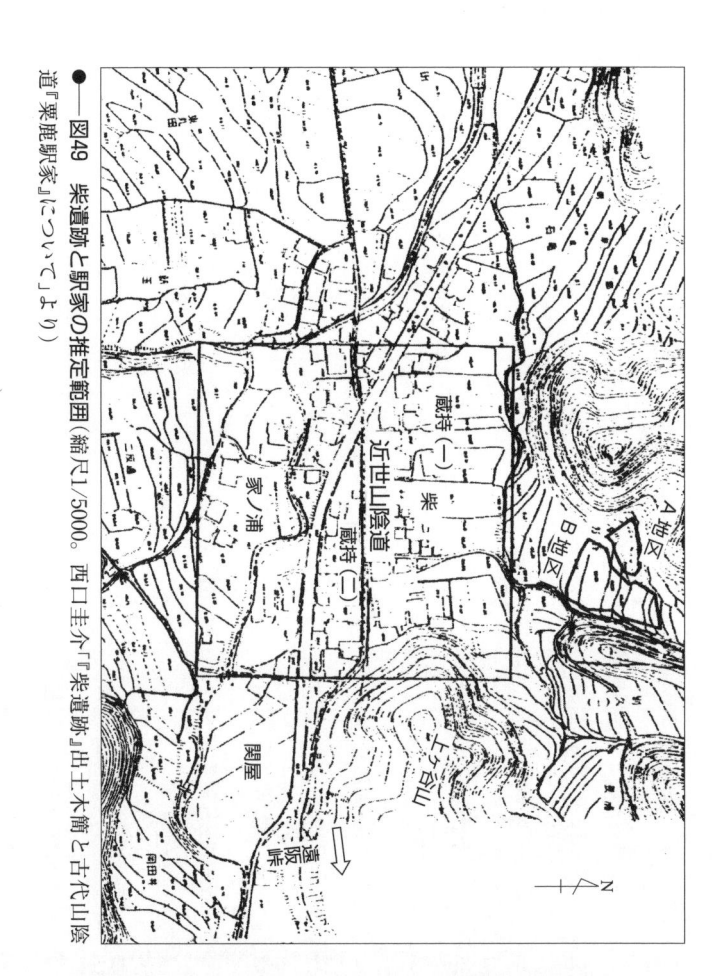

●——図49　柴遺跡と駅家の推定範囲（縮尺1/5000。西口圭介「柴遺跡」出土木簡と古代山陰道「栗鹿駅家」について」より）

●——図50　柴遺跡出土木簡1号

▼計会帳　令制の公文書。太政官以下諸官司が、八月一日から翌年七月末日までに授受した公文書の記録。太政官に提出され、官では各官司の計会帳を照合して行政命令の履行を確認した。

▼民部省　令制の八省の一つ。租税・戸籍などの民政を主要な任務とした。

▼兵部省　令制の八省の一つ。内外の武官の人事一般および軍事一般をつかさどった。

に「一石」の石に尺の注があるなど、文献史料のなかでは、地方出土文字資料では、はじめての用例である。平川は、「稲で納める税のうち、とくに出挙稲は穎稲、すなわち束把単位で表せるのが一般的であるから、本木簡に記された、本来納めるべき『十束』は出挙稲と考えるのが穏当であろう」としている。七三四（天平六）年の「出雲国計会帳（けいかいちょう）」には、「駅起稲出挙帳一巻」があり、他の国でも駅起稲は出挙稲であったと推測されていたが、平川の解釈が正しければ、但馬国の粟鹿駅においても出挙が行われていたことになろう。

ただし、調査担当者の西口圭介によれば、この木簡に共伴する遺物はないが、上層に被覆する包含層の遺物の状況からは、八世紀後半から九世紀前半に廃棄された可能性がかぎりなく高いということである。駅（起）稲は、民部省▲（みんぶしょう）によって把握される正稲などの一般的な財源とは異なり、兵部省▲（ひょうぶしょう）によって把握され、駅戸内で出挙され、その利稲を駅家運営の諸経費にあてるという、駅家経営のためだけの特殊な財源であった。しかし、駅稲は、七三九（天平十一）年に、正税に混合され、駅家の財源は、兵部省から民部省にかわり、正税から支出されることになった。第一号木簡の時期が、八世紀後半から九世紀前半であ

兵庫県朝来市柴遺跡

▼具注暦 日の吉凶や日の出入りの時刻、季節に関する注記などを備えた暦。中務省陰陽寮の暦博士が、十一月一日までに翌年の暦をつくり奏進した。

るとすれば、すでに駅稲は正税に混合されたあとのことになってしまうのである。そこで、西口は、次の二点の可能性をあげている。

(1) 史料上、駅稲が廃止された七三九年以降にも、地方における実態としては、駅家では駅稲に対する駅稲による出挙を行い、駅家の経費にあてられていた。

(2) 七三九年以降、駅稲が廃止され、正税に混合されたが、駅家にあてられた正税を駅子に出挙して駅家の費用にあてていた。つまり、元資の出所がかわっただけで、運営方法は変わらなかった。

西口は、(1)・(2)のどちらかであるかは、現状では結論はだしがたいとしながらも、少なくとも、駅稲の廃止の有無はともかくとして、八世紀後半以降も、駅家の経費が従来どおり、駅子に対する出挙をもって確保されていたことを示す実例として、本木簡をとらえることができるとしている。

なお、このほかにも、『論語 学而篇』の一部を記した第二号木簡や、「具注暦▲」の記載方法で書かれた文書木簡である第三号木簡などが出土しており、駅家の性格を考えるうえで興味深い。

ところで、柴遺跡の遺構は、小規模な掘立柱建物が若干出土した程度で、位

置も、想定駅路からやや北に離れることなどから、駅館院ではなく、その周辺にあった駅家の雑舎群の一部であると考えられる。西口は、柴遺跡の南約一五〇メートルの地点を東西にとおる近世山陰道が古代山陰道を踏襲しているとみて、これを中軸線とする方二町の地割をみいだし、駅家を囲む区画を反映しているのではないかとする(図49)。この方形地割の内部に「蔵持」の小字地名があるが、この地名は、車を用いて物資を輸送する任務を有していたと推測される車・持氏(部)と関係があるのではないだろうか。また、柴集落東端の、遠阪峠をおりた平坦地には、「関屋」の小字地名があり、平川は、ここに古代の関がおかれていたのではないかと推測している。

平城京出土木簡──駅路の変遷

『延喜式』における四国の駅路は、阿波国から讃岐国を経由して、伊予国にはいり、第一駅の大岡駅で土佐国への駅路を分岐するといういわばT字型をなすものであった(図51)。しかし、『続日本紀』養老二(七一八)年条によって、当初の駅路は、阿波から讃岐、伊予をへ、四国西部を一回りして、土佐にいたるも

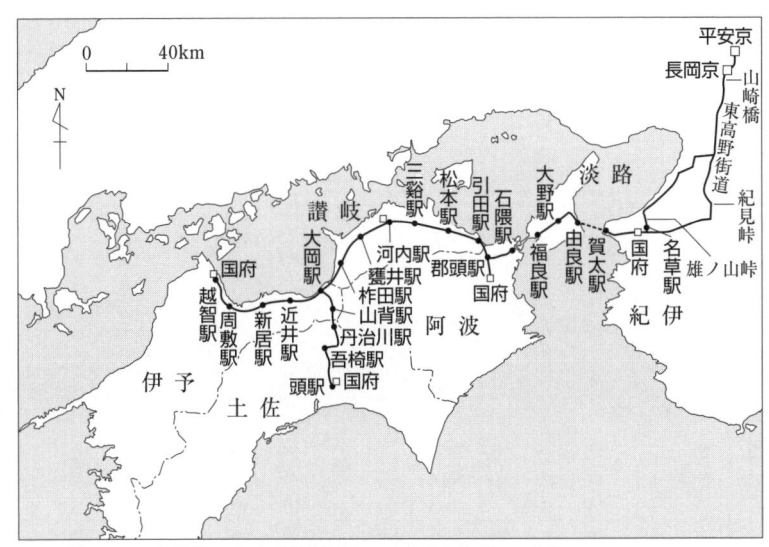

●——図51　平安時代ごろの南海道（金田章裕「南海道」より）

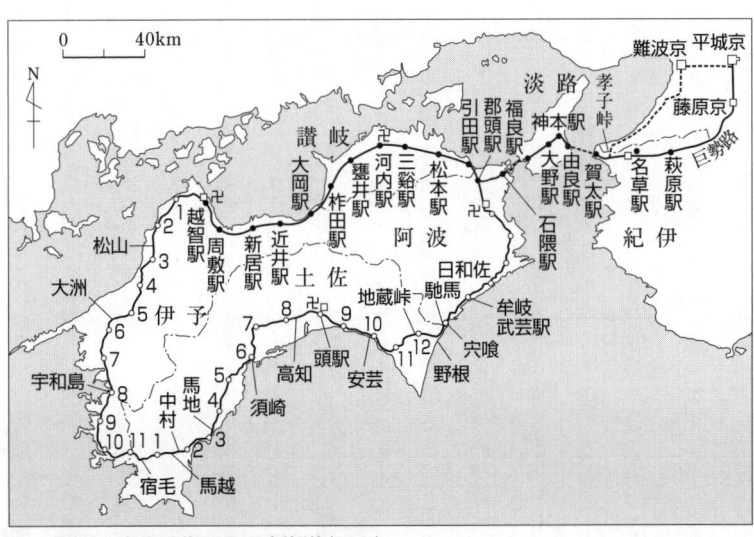

●——図52　奈良時代ごろの南海道（同上）

のであったことが判明し、さらにこのときに、阿波から四国東南海岸をへて土佐にいたる短捷路が新設された。すなわち、四国一周の環状駅路の成立である。この環状駅路がT字型の駅路に変わったのは、『日本後紀』の記事から七九七（延暦十六）年と考えられるが、そのとき、伊予国で一一の駅が、土佐国では一二の駅が廃止された。足利は、伊予・土佐両国の廃止駅数の多さから、奈良時代に存在した環状駅路は、今日の宇和島・宿毛・中村などを経由した、きわめて大回りのルートであったと推測した（図52）。阿波と土佐を結んでいた駅路については、『日本後紀』において、廃止された駅数が欠けているため、室戸岬回りの道、地蔵峠を越える説、四ツ足堂峠を越える説などがあった。ところが、近年、平城京から、阿波国那賀郡武芸駅と薩麻駅の駅名を記す木簡がそれぞれ出土した（図53）。長谷正紀は、前者が徳島県牟岐町に比定できることから、奈良時代の駅路は、地蔵峠越えをめざすルートであるとした。

同様に、若狭国では、『延喜式』段階の弥美・濃飫駅のほかに、平城京出土木簡によって、奈良時代に玉置駅と葦田駅が存在したことが判明した（図54）。金田は、当初の駅路は、近江国から若狭国のこれらの駅家などを経由して越前国

へ向かっていたものが、のちに近江国から直接越前へと直行するルートに変更され、若狭国へは支路で連絡するようになったと推測している。

さらに、平城京の二条大路木簡で、紀伊国安諦郡の駅戸について記したもの（図55）があるが、安諦郡は、八〇六（大同元）年に、在田郡に改称された。『延喜式』の駅路は、在田郡をとおらない。これを安諦郡におかれた駅戸が、他郡の駅家に奉仕していたとみる向きもあるが、駅戸の場合、基本的に、やはり駅家の周辺に存在しなければ要をなさないであろう。したがって、当初は、安諦郡に達する駅路が存在したことになる。問題は、そのルートであるが、南海道の本道から南に分かれて、安諦郡に達し、そこで行き止まりになっていたのか、あるいは、四国の場合のように、紀伊半島を海岸沿いに一周して、志摩国に達していた可能性もある。

福岡県太宰府市大宰府政庁跡──宴会の場としての駅家

大宰府政庁正殿後面築地の基壇天場から、約一メートル下の腐食土層において、「十月廿日　笠志前贄駅寸分留鯖四列都備五十具」「須志毛十古割軍布一古」と判

●──図53　阿波国の駅名を記す木簡

阿波国那賀郡武芸駅子戸主生部東方戸同部毛人調堅魚六斤 天平七年十月

阿波国那賀郡薩麻駅子戸鵜甘部□麻呂戸同部牛調堅魚六斤□平七

●──図54　若狭国の駅名を記す木簡

(表)　玉置駅家三家人黒万呂御調三斗
(裏)　天平四年九月

(表)　若狭国三方郡葦田駅子
　　　三家人国□御調塩三斗
(裏)　『廿ト一米當』

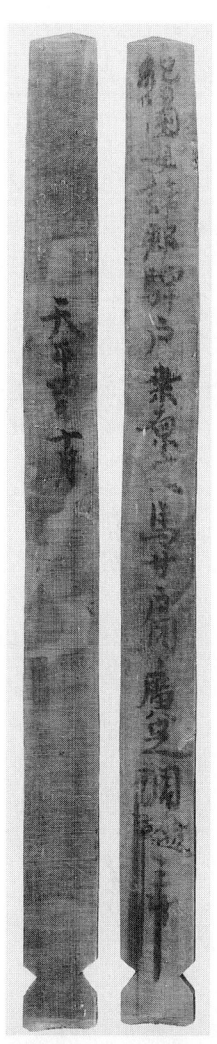

●——図55 紀伊国の駅戸について記す木簡

(表) 紀伊国安諦郡駅戸桑原史馬甘戸同廣足調塩三斗

(裏) 天平四年十月

●——図56 大宰府政庁跡で出土した木簡

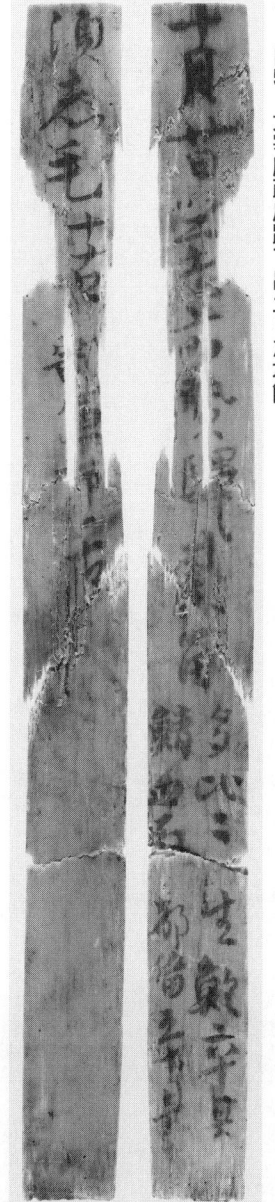

▼贄　神または天皇へ食料品を貢進する制度。律令体制の成立にともない、贄の一部は税目の一つである調の雑物にいれられた。ま た律令の規定とは別に、天皇への貢進が存続した。

▼主厨司　大宰府の役所の一つで、おもに外国客を饗応する調理を担当する。

読できる七世紀末から八世紀初頭ごろの木簡が出土している（図56）。

板楠和子は、この木簡を「内容や量からして筑前国から贄として進上した先は大宰府を経由した朝廷とするより大宰府自体と解する方が妥当であり、駅馬でもって生鮮魚貝類が大宰府に送られ、その付札が廃棄されたものと考えられる」とし、具体的に貢進元は「筑前沿岸部の海部に設置された厨戸」と想定している。板楠は、当該木簡にみえる「贄」が京進される「御贄」をさすのではなく、大宰府所用として管内諸国から貢納された食料品の意と理解するわけであるが、その根拠として、(1)年紀の記載がみえず年貢でない可能性があること、(2)加工品ではなく、生鮮海産物であること、(3)のちの『延喜式』の品目に合致しないことなどをあげている。

松川博一は、以上三点に加えて、贄貢進木簡の大部分が「御贄」「大贄」の表記であるのに対し、当木簡が単に「贄」と記すことをあげて、板楠説に賛成している。さらに松川は、本来、大宰府所在の主厨司に運ばれるはずの「贄」が、なぜ駅家にとどめおかれたかについて、生鮑などの生鮮海産物は、長期保存がむずかしいので、それらが駅家そのもので消費されたのではないかとしている。

すなわち、『万葉集』巻四には、大宰府の官人の遷任や駅使の送別に際して、餞別の飲食が駅家で行われたことがみえ、これらの饗宴に供される食料は、大宰府所用として、主厨司によって支弁された可能性が高い。すなわち、大宰府所用の「贄」が「津厨」から大宰府に輸送される途中、駅家での饗宴のために、その一部を割きおいたのではないかと松川は推測している。さらに松川は具体的に、「津厨」に比定される福岡市東区の海の中道遺跡から大宰府までのあいだには、夷守・美野・久爾の三駅が所在しており、『万葉集』巻四には、大宰府の官人によって駅使送別の小宴が、海の中道遺跡に最寄りの夷守駅で催されたことがみえることに注目している。この木簡が大宰府政庁で出土したことについては、松川は、命令執行後、その照合・確認のため大宰府に返送され、廃棄されたからではないかと推測している。

以上のように、駅家が、宴会の場にもなることが、ほかのさまざまな資料からもうかがえる。ところで、『延喜式』の諸国駅伝馬条による駅家の位置を検討すると、必ずしも国府の近くに駅家が存在するとは限らないが、木下は、当初は、国府には、その付属駅が存在するのが一般的だったとしてい

出土文字資料からみた駅家

▼**史生** 律令官制の下級官職。公文書を清書し、関係する四等官の署名をとることを職務とする雑任の一種。

●**図57 下総国分寺跡出土の墨書土器**(市立市川考古博物館編『下総国分寺跡 平成元〜五年度発掘調査報告書』より)

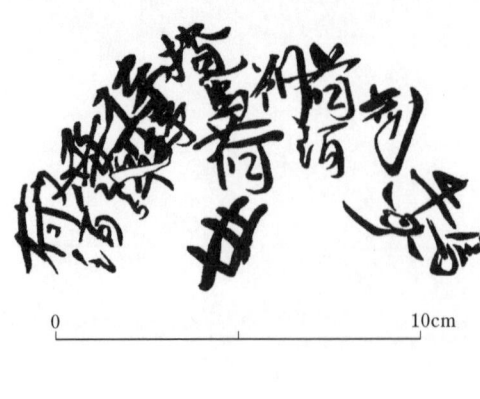

る。大宰府においても、『延喜式』では、その近くに駅家は存在しないが、『万葉集』巻四には、筑前国蘆城駅がみえ、のちに廃止されたこの駅が大宰府の付属駅的な性格をもっていたのではないかと推測されている。こういった国府や大宰府の付属駅は、しばしば宴会の場として使用されたであろう。やはり、『万葉集』巻一八にみえる射水郡駅館は、越中国府の付属駅であった曰理駅のことをさすと考えられているが、ここでも宴会が行われていた可能性がある。

大伴家持は、越中守であった当時、遊女に迷った史生の尾張少咋を教え諭す歌をよんでおり、さらに「先の妻、夫の君の喚使を待たず、みづから来し時に作る歌一首」として、「左夫流児が 斎きし殿に 鈴掛けぬ はゆま下れり 里もとどろに」(巻一八―四一一〇)との歌がある。左夫流児は遊行女婦(遊女)の名前で、殿は尾張少咋のことであるが、本妻が呼ばれもしないのに、都から私用であるから鈴を掛けない早馬でやってきたので、里中が大騒ぎになったというのである。木下は、この場合、「鈴掛けぬはゆま」と鈴を掛けた駅馬に対比して使われているのは、その遊女が駅にいたからではないかとしている。

ところで、『延喜式』にみえる下総国井上駅の位置については、東海道駅路の

中川の渡河点付近に考える説と、下総国府付近に考える説とがあったが、千葉県市川市の国府台遺跡から「井上」と墨書された土器が出土したので、後者が有力となった。さらに近隣の国分寺跡では、「井上」の文字とともに、「牛・馬・判・人足・荷・枌・遊女・酒」などと記した土器が出土したので、ここでも駅と遊女との関係がうかがわれる(図57)。

このほかにも、新潟県柏崎市の箕輪遺跡で出土した「駅家村」と記された木簡や、石川県津幡町の加茂遺跡で出土した駅長などにだされた膀示札など取り上げたい資料は多いが、もはや紙数もつきた。出土文字資料の重要性を再確認して、ひとまず擱筆することにしたい。

▼ 膀示札　古代、なんらかのメッセージを不特定もしくは特定多数の人びとに伝達することを目的に掲示された木札。

松川博一「木簡」九州歴史資料館編『大宰府政庁跡』九州歴史資料館, 2002年

三上喜孝「出挙・農業経営と地域社会」『歴史学研究』781, 2003年

宗像市教育委員会編『宗像埋蔵文化財発掘調査概報―1983年度―』宗像市教育委員会, 1984年

山田安彦「陸奥の古代交通路研究に関する二つの問題」『歴史地理学紀要』16, 1974年

山中敏史「古代地方官衙と交通―共同研究『郡・評と交通』に寄せて―」古代交通研究会編『古代交通研究会第13回大会資料集　官衙と交通』古代交通研究会, 2006年

渡辺正気『日本の古代遺跡34　福岡』保育社, 1987年

●──写真所蔵・提供者一覧(敬称略, 五十音順)

秋田市教育委員会　　　p. 70
太田市教育委員会　　　p. 63
大山崎町歴史資料館　　　本扉
岡山県立博物館　　　p. 85
上郡町教育委員会　　　カバー表, p. 19
川越市教育委員会　　　カバー裏
九州歴史資料館　　　p. 101
国土地理院　　　p. 5
佐賀県教育委員会　　　p. 77
たつの市教育委員会　　　p. 9, 51
栃木県教育委員会　　　p. 40, 45
奈良文化財研究所　　　p. 100, 101
浜松市博物館　　　p. 82, 83
兵庫県立考古博物館　　　p. 93
袋井市教育委員会　　　p. 86
府中町歴史民俗資料館　　　p. 25
宗像市教育委員会　　　p. 26

栃木県教育委員会編『茶臼塚古墳・小松原遺跡』栃木県教育委員会, 1979年
中大輔「日本古代の駅家と地域社会―越後国三嶋駅の事例を中心に―」『古代交通研究』13, 2004年
永田英明『古代駅伝馬制度の研究』吉川弘文館, 2004年
中村太一「日本古代国家形成期の都鄙間交通―駅伝制の成立を中心に―」『歴史学研究』820, 2006年
西口圭介「『柴遺跡』出土木簡と古代山陰道『粟鹿駅家』について」『兵庫のしおり』5, 2003年
根本靖「所沢市東の上遺跡の性格について」『埼玉考古』37, 2002年
長谷正紀「阿波国の駅家と駅路について」『和歌山地理』11, 1991年
馬場基「駅と伝と伝馬の構造」『史学雑誌』105―3, 1996年
浜松市郷土博物館編『伊場木簡』浜松市教育委員会, 1976年
林博通・葛野泰樹「大津市瀬田堂ノ上遺跡調査報告Ⅱ」滋賀県教育委員会編『滋賀県文化財調査年報(昭和五十年度)』滋賀県教育委員会, 1977年
原秀三郎「土器墨書」袋井市教育委員会編『坂尻遺跡―奈良時代編―』袋井市教育委員会, 1985年
原田雅弘「鳥取県石脇第3遺跡の調査」『古代交通研究』7, 1997年
東広島市教育委員会編『古代山陽道を探る』東広島市教育委員会, 2002年
兵庫県教育委員会社会教育・文化財課兵庫県埋蔵文化財調査事務所編『小犬丸遺跡Ⅰ』兵庫県教育委員会, 1987年
兵庫県教育委員会編『小犬丸遺跡Ⅱ』兵庫県教育委員会, 1989年
兵庫県教育委員会埋蔵文化財調査事務所編「坂元遺跡現地説明会資料」2005年1月22日, 兵庫県教育委員会埋蔵文化財調査事務所, 2005年
平川南『よみがえる古代文書―漆に封じ込められた日本社会―』岩波書店, 1994年
平川南「兵庫県朝来郡山東町柴遺跡出土木簡」『平成12年度年報』兵庫県教育委員会, 2001年
平川南「出土文字資料からみた地方の交通」『古代交通研究』11, 2002年
平川南・新井重行「岩間町東平遺跡出土の墨書土器について」『婆良岐考古』22, 2000年
袋井市教育委員会編『坂尻遺跡―奈良時代編―』袋井市教育委員会, 1985年
宝賀寿男編『古代氏族系譜集成』古代氏族研究会, 1986年

報』25, 1998年
群馬県新田町教育委員会編『入谷遺跡Ⅲ』群馬県新田町教育委員会, 1987年
財団法人とちぎ生涯学習文化財団埋蔵文化財センター編『長者ヶ平遺跡』栃木県教育委員会・財団法人とちぎ生涯学習文化財団, 2007年
財団法人鳥取県教育文化財団鳥取県埋蔵文化財センター編『石脇第3遺跡―森末地区・操り地区― 石脇8・9号墳 寺戸第1遺跡 寺戸第2遺跡 石脇第1遺跡』財団法人鳥取県教育文化財団, 1998年
斎藤忠『日本古代遺跡の研究 論考編』吉川弘文館, 1976年
佐伯有清『円仁』吉川弘文館, 1989年
佐伯有清「円仁の家系」日本歴史学会編『日本歴史別冊 伝記の魅力』吉川弘文館, 1986年
坂本太郎『上代駅制の研究』至文堂, 1928年
多賀城市埋蔵文化財調査センター編『山王遺跡―第17次調査―出土の漆紙文書』多賀城市教育委員会, 1995年
高橋美久二「古代の山陽道」『古代を考える』17, 1978年
高橋美久二『古代交通の考古地理』大明堂, 1995年
高橋美久二「山陽道―瓦葺き白壁朱塗りの駅館」木下良編『古代を考える 古代道路』吉川弘文館, 1996年
高橋美久二「古代近江国の東山道」足利健亮先生追悼論文集編纂委員会編『地図と歴史空間』大明堂, 2000年
高橋美久二「山陽道と瓦葺駅家」東広島市教育委員会編『古代山陽道を探る』東広島市教育委員会, 2002年
高橋美久二「駅家の構造」独立行政法人文化財研究所奈良文化財研究所編『駅家と在地社会』独立行政法人文化財研究所奈良文化財研究所, 2004年
龍野市教育委員会編『布勢駅家』龍野市教育委員会, 1992年
龍野市教育委員会編『布勢駅家Ⅱ』龍野市教育委員会, 1994年
筑後市教育委員会編『筑後市内遺跡群Ⅵ』筑後市教育委員会, 2005年
土井基司「備後における古代山陽道と駅家」考古学研究会例会委員会編『畿内弥生社会像の再検討・「雄略朝」期と吉備地域・古代山陽道をめぐる諸問題』考古学研究会, 2006年
独立行政法人文化財研究所奈良文化財研究所編『駅家と在地社会』独立行政法人文化財研究所奈良文化財研究所, 2004年

上郡町教育委員会編『落地遺跡（八反坪地区）』上郡町教育委員会, 2005年
上郡町教育委員会編『古代山陽道野磨駅家跡』上郡町教育委員会, 2006年
川越市教育委員会・川越市遺跡調査会『八幡前・若宮遺跡（第1次調査）』川越市教育委員会・川越市遺跡調査会, 2005年
河瀬正利「下岡田・下本谷遺跡」『仏教芸術』124, 1979年
河瀬正利「広島県下岡田遺跡の古代建物群をめぐって」広島大学文学部考古学研究室編『考古論集』潮見浩先生退官記念事業会, 1993年
岸本道昭『山陽道駅家跡』同成社, 2006年
木下良「近江国府址について」『人文地理』18—3, 1966年
木下良「山陽道の駅路」『古代を考える』17, 1978年
木下良「上野・下野両国と武蔵国における古代東山道駅伝路の再検討」『栃木史学』4, 1990年
木下良『日本古代律令期に敷設された直線的計画道の復原的研究』國學院大學, 1990年
木下良「『国府と駅家』再考—坂本太郎博士説の再検討—」『國學院大學紀要』30, 1992年
木下良「古代交通研究上の諸問題」『古代交通研究』1, 1992年
木下良『日本を知る　道と駅』大巧社, 1998年
木下良「宗像郡とその周辺の『延喜式』駅路」宗像市史編纂委員会編『宗像市史　通史編第2巻　古代・中世・近世』宗像市, 1999年
木本雅康「下野国那須郡を中心とする古代交通路について」『歴史地理学』148, 1990年
木本雅康「宝亀2年以前の東山道武蔵路について」『古代交通研究』1, 1992年
木本雅康『古代の道路事情』吉川弘文館, 2000年
木本雅康「歴史地理学からみた古代山陽道」考古学研究会例会委員会編『畿内弥生社会像の再検討・「雄略朝」期と吉備地域・古代山陽道をめぐる諸問題』考古学研究会, 2006年
金田章裕「南海道—直線道と海路・山道」木下良編『古代を考える　古代道路』吉川弘文館, 1996年
金田章裕「古道と条里」今津町史編集委員会編『今津町史　第1巻　古代・中世』今津町, 1997年
金田章裕『古代景観史の探究』吉川弘文館, 2002年
黒沢彰哉「常陸国那賀郡における寺と官衙について」『茨城県立歴史館

● ──参考文献

秋田城跡調査事務所編『秋田城出土文字資料集Ⅱ』秋田城を語る友の会, 1992年
足利健亮「序説（2）─駅制および駅路概観─」藤岡謙二郎編『古代日本の交通路Ⅰ』大明堂, 1978年
足利健亮「山陽・山陰・南海三道と土地計画」稲田孝司・八木充編『新版古代の日本　第4巻　中国・四国』角川書店, 1992年
足利健亮「古北陸道の変遷と条里遺構」志賀町史編集委員会編『志賀町史第1巻』志賀町, 1996年
板楠和子「主厨司考」九州歴史資料館編『大宰府古文化論叢　上』吉川弘文館, 1983年
板橋源「岩手県江釣子村新平遺跡発掘概報─古代駅家擬定地─」『岩手大学学芸学部研究年報』15, 1959年
市立市川考古博物館編『下総国分寺跡　平成元～5年度発掘調査報告書』市立市川考古博物館, 1994年
茨城県教育財団編『白石遺跡』茨城県教育財団, 1993年
今里幾次「播磨国の瓦葺駅館」『古代を考える』17, 1978年
今里幾次『播磨古瓦の研究』真陽社, 1995年
岩間町教育委員会社会教育課編『岩間町東平遺跡発掘調査報告書─推定安侯駅家跡─』岩間町教育委員会・東平遺跡発掘調査会, 2001年
海老澤稔・黒澤彰哉「岩間町東平遺跡発掘調査報告─推定安侯駅家跡出土の『騎兵長』墨書土器─」『婆良岐考古』22, 2000年
大槻文彦「陸奥国古駅路考」『歴史地理』3─7, 1901年
大橋雅也「備前・備中における古代山陽道と駅家」考古学研究会例会委員会編『畿内弥生社会像の再検討・「雄略朝」期と吉備地域・古代山陽道をめぐる諸問題』考古学研究会, 2006年
岡山県文化財保護協会編『国鉄井原線建設に伴う発掘調査』岡山県文化財保護協会, 1974年
大日方克己「律令国家の交通制度の構造─逓送・供給をめぐって─」『日本史研究』269, 1985年
金坂清則「下野国」藤岡謙二郎編『古代日本の交通路Ⅱ』大明堂, 1978年
鎌田元一「評制施行の歴史的前提」『史林』63─4, 1980年
鎌谷木三次『播磨上代寺院址の研究』成武堂, 1942年

日本史リブレット69

遺跡からみた古代の駅家
いせき　　　　こだい　うまや

2008年2月29日　1版1刷　発行
2018年9月30日　1版4刷　発行

著者：木本雅康
　　　きもとまさやす

発行者：野澤伸平

発行所：株式会社 山川出版社

〒101-0047　東京都千代田区内神田1-13-13
電話 03(3293)8131(営業)
　　 03(3293)8135(編集)
https://www.yamakawa.co.jp/
振替 00120-9-43993

印刷所：明和印刷株式会社
製本所：株式会社ブロケード
装幀：菊地信義

©Masayasu Kimoto 2008
Printed in Japan ISBN 978-4-634-54681-3

・造本には十分注意しておりますが、万一、乱丁・落丁本などがございましたら、小社営業部宛にお送り下さい。送料小社負担にてお取替えいたします。
・定価はカバーに表示してあります。

日本史リブレット 第Ⅱ期【全33巻】

- 69 遺跡からみた古代の駅家　木本雅康
- 70 古代の日本と加耶　田中俊明
- 71 飛鳥の宮と寺　黒崎直
- 72 古代東国の石碑　前沢和之
- 73 律令制とはなにか　大津透
- 74 正倉院宝物の世界　杉本一樹
- 75 日宋貿易と「硫黄の道」　山内晋次
- 76 荘園絵図が語る古代・中世　藤田裕嗣
- 77 対馬と海峡の中世史　佐伯弘次
- 78 中世の書物と学問　小川剛生
- 79 史料としての猫絵　藤原重雄
- 80 寺社と芸能の中世　安田次郎
- 81 一揆の世界と法　久留島典子
- 82 戦国時代の天皇　末柄豊
- 83 日本史のなかの戦国時代　山田邦明
- 84 兵と農の分離　吉田ゆり子
- 85 江戸時代のお触れ　藤井讓治
- 86 江戸時代の神社　高埜利彦
- 87 大名屋敷と江戸遺跡　宮崎勝美
- 88 近世商人と市場　原直史
- 89 近世の地方官衙と社会　荻慎一郎
- 90 「資源繁殖の時代」と日本の漁業　高橋美貴
- 91 江戸の浄瑠璃文化　神田由築
- 92 江戸時代の老いと看取り　柳谷慶子
- 93 近世の淀川治水　村田路人
- 94 日本民俗学の開拓者たち　福田アジオ
- 95 軍用地と都市・民衆　荒川章二
- 96 感染症の近代史　内海孝
- 97 陵墓と文化財の近代　高木博志
- 98 徳富蘇峰と大日本言論報国会　赤澤史朗
- 99 労働力動員と強制連行　西成田豊
- 100 科学技術政策　鈴木淳
- 101 占領・復興期の日米関係　佐々木隆爾

〈白ヌキ数字は既刊〉

第Ⅰ期【全68巻】

〈すべて既刊〉

1. 旧石器時代の社会と文化
2. 縄文の豊かさと限界
3. 弥生という時代
4. 古墳とその時代
5. 倭の五王と地方豪族
6. 藤原京の世界
7. 古代都市平城京の世界
8. 古代の地方官衙と社会
9. 漢字文化の成り立ちと展開
10. 平安京の暮らしと行政
11. 蝦夷の地と古代国家
12. 受領と地方社会
13. 出雲風土記と古代遺跡
14. 東アジアの世界と古代の日本
15. 地下から出土した文字
16. 古代・中世の女性と仏教
17. 古代寺院の成立と展開
18. 都市平泉の遺産
19. 中世に国家はあったか
20. 中世の家と性
21. 武家の古都、鎌倉
22. 環境歴史学とはなにか
23. 武士と荘園支配
24. 中世のみちと都市
25. 戦国時代、村と町のかたち
26. 情報化と国家・企業
27. 破産者たちの中世
28. 境界をまたぐ人びと
29. 石造物が語る中世職能集団
30. 中世の日記の世界
31. 板碑と石塔の祈り
32. 中世の神と仏
33. 中世社会と現代
34. 秀吉の朝鮮侵略
35. 町屋と町並み
36. 江戸幕府と朝廷
37. キリシタン禁制と民衆の宗教
38. 安土の触書は出されたか
39. 慶安の触書は出されたか
40. 近世村人のライフサイクル
41. 都市大坂と非人
42. 近世からみた古朝関係
43. 対馬からみた日朝関係
44. 琉球の王権とグスク
45. 描かれた近世都市
46. 武家奉公人と労働社会
47. 天文方と陰陽道
48. 海の道、川の道
49. 近世の三大改革
50. 八州廻りと博徒
51. アイヌ民族の軌跡
52. 錦絵を読む
53. 草山の語る近世
54. 21世紀の「江戸」
55. 近代日本画壇の誕生
56. 日本近代漫画の軌跡
57. 海を渡った日本人
58. 近代日本とアイヌ社会
59. スポーツと政治
60. 近代化の旗手、鉄道
61. 民衆宗教と国家神道
62. 日本社会保険の成立
63. 歴史としての環境問題
64. 近代日本の海外学術調査
65. 戦争と知識人
66. 現代日本と沖縄
67. 新安保体制下の日米関係
68. 戦後補償から考える日本とアジア